汉字好好玩 ①

The Fun in Learning Chinese Characters

有画面·有知识·有故事·有历史

张宏如◎著

中国致公出版社
——China Zhigong Press——

作者序

　　《汉字好好玩》是一本画中有字、字中有画的汉字图书，它打破了传统一笔一画学习汉字的方式，改用一幅幅的画作来介绍汉字。内容中的汉字画作看似简单，其实花费了相当多的力气并精心构图才得以完成。光是第一幅汉字脸谱的创作，从起心动念那一刻起，到作者自己涂鸦式的试画，也耗时近一年之久。创作之初，我常常在公园的泥土上、石板上、树干上画字，假装自己回到了原始时代，在洞穴石壁上画着今天捕了几头野兽，抓了几条鱼，借以揣摩人类老祖宗造字的初衷，顿时有所感悟——原来文字还没有发展成形时，人们是用一些简单的线条图画来沟通记录。至于怎么画，如何画，画什么，若能重新体会象形文字，就能发现这里头暗藏着中国文字创始的密码。

　　本书能完成，首先必须感谢我的先生，是他背后给予我默默的支持与鼓励，也时常给予我宝贵的意见，没有他的协助，这本书可能还要在很久很久以后才能问世。

　　另外，我还要特别感谢帮忙画图的曾诗怡小姐，我最初尝试自己画图，不过效果并不理想，所幸曾小姐总能抓住我所要表达的意境，着实为本书增色不少。

推荐序

近年来，中国风方兴未艾，带动了全球学习中文的热潮。一时之间，长相方正、有如豆腐块的汉字，因其无可取代的文化元素，以及深具东方神秘色彩的魅惑威力，业已征服不少欧美人士。在其影响下的部分国家的教育当局相继将中文列为中学生必修的第二外语。而且，随着中国经济对全球的影响程度日渐加深，人们学习中文的热潮俨然有变成全球运动的趋势。

如世人所尽知，汉字是目前世上仅存的还在大量使用的表意文字。它的最大特色，是以象征性的符号表示意义。即使部分形声字具有音符的作用，大多还是兼有表意的功能。由于人的左脑偏重逻辑思考与分析，而右脑则掌管如企划力、创造力与想象力等图像化机能，因此在相关研究中，学习汉字可以开发智慧、增进联想能力。有人甚至认为，随着人类现代化的发展，汉字所独有的图像特征，因为具备了智能化的倾向与视听识别的优越性，会展现出更强大的生命力。

从人文科学的学术研究领域来看，20 世纪已经经历了一系列的转向，包括语言转向、解释转向、后现代转向与文化转向等等。而在 21 世纪刚开始的短短十年里，由于多媒体技术的日新月异，在文化转向的潮流里，相对其他文化而言，视觉文化似乎又有异军突起的趋势。我们所生活的世界，终日被灿烂到足以令人眩晕的各种视觉效果包围着。因而，有人宣称现今的经济是"眼球经济"，能抓住消费者的眼球，即能创造出巨大的商机。

千禧年这股迎面而来的视觉浪潮，不禁让人想起我国文字的发明者仓颉拥有四只眼睛的传说故事。他在观察天地万物之后，即根据山川、草木与鸟兽的各种形状，创造出深具图像意味的汉字。由于这是一件惊天动地的创举，还因此引发了一场"天雨粟，鬼夜哭"的异象。如果进一步将仓颉的四眼神通与当今的视觉浪潮相联系，无论是面对源自天地万物的自然之理，还是面对多媒体的科技产品，已经在人类文明蹒跚于途了数千年的汉字，在全球学习中文的热潮里，将持续展现它无比强大的生命力，应是一件可以预见的事。

　　闻张宏如女士写就《汉字好好玩》一书，本人拜读后，正符合上述所言，即从图像化的角度解释汉字所表示意义的原理，凸显汉字造字之初与当今时代潮流趋于视觉转向的发展脉络，因此乐见该书出版，并予以郑重推荐，是为序！

育达商业科技大学　应用中文系
副教授兼系主任
2010 年 11 月 25 日

目　录

本书特色

特色一　画中有字，字中有画

本书最大的特色就是每幅图画中都包含着好几个汉字，而每个字的形象就是其事物本身的形象，每一幅图所要表达的意境也是由这一组相关的文字集结而成的。若说本书对于汉字有何贡献，或许最大的价值就在于还原真实情况，让文字回到属于它自己的位置——两千年来并没有人尝试过如此做法。自许慎的《说文解字》之后，文字学者在解说文字时，常会利用甲骨文、金文、篆文等图像说明文字的起源或演变过程。随着古字物的陆续出土，加上影像科技的日渐发达，近代的文字学者常常利用图片来辅助说明汉字的成因，这样的做法固然有助于学习者对汉字的深入体会与了解，但作者认为这样的做法并不够完美，老祖先造字的灵感既然取之于大自然，我们理当回到大自然之中去重新看待汉字。本书从不同的视野与角度认识汉字，并结合图形、书法、艺术、美学、文字学、哲学等概念，特别提出了一套汉字画的学习方法。

特色二　快速学习汉字的新方法

现在书店中有很多介绍汉字字源的书，由单一字源重新认识，一天学两三个字，学成两千五百个常用字，大概也要花个五六年的时间才能学好汉字。作者认为，若能将文字图像化，通过图像来记忆学习，应该是最快最有效的方式。通过书中的画作，可以对画的含义、字的意义一目了然；每幅图画中至少包括三个字以上，有效地学习基本文字后，接下来只是组合字的问题，借由不同部首或字源之间的组合，又可以创造出不同的文字与意义。《汉字好好玩》系列书七十五幅图中，总共包含 500 多个汉字，让有意学习汉字的人可以通过影像记忆，在最短的时间内认识最多的汉字。

如何阅读本书

每幅汉字画以三个步骤进行

首先，说明与每个主题古字相关的文化意涵。

其次，每幅图以左右跨页的方式呈现，通过简单的汉字画之内容描述，让读者感受画作本身之意境。

最后，将图内的古字标示出来，让读者清楚比较古今文字之间的关系，并介绍每个字的字义与字形。

作者相信，用欣赏画作的角度来学汉字，会是件既浪漫又有趣的事。

特别说明

首先，文中"说文解字"下方的古字是甲骨文、金文、篆文等穿插使用，而图1、图2等说明方式则是为了使汉字学习者可以了解图形之间的变化与差异，因此，图与图之间并没有时间先后的问题。

其次，字形说明部分，作者系以仰视、直视、俯视及透视四种造字角度来分析汉字的形成。仰视造字，必须仰起头来观察，如日、月、星、晶等字；直视造字，只要平视即可，如禾、木、工、弓等字；俯视造字，必须从高处往下看，才能掌握事物的整体样貌，如田、川、州等字；透视造字，如身的古字 画出人肚子隆起的样子，"一点"代表肚子里的胎儿。

本文希望通过图形与汉字的造字角度分析，帮助读者在最短的时间内了解汉字、认识汉字，轻轻松松学汉字；并通过不断重复的图像学习，让所有汉字学习者都能感受到汉字学习真的好好玩。

汉字的起源

汉字起源于何时、何人，人们一直无法达成共识，其中很大一个原因是证据不足。由于年代久远，很多古物随着时间消逝了，当找不到证据时，就只好归于神话。因此，汉字的起源有时充满神话色彩。

关于汉字的起源，一般教科书都会提到仓颉造字，导致许多人都认为汉字是由仓颉创造的，但事实究竟是什么呢？若钻进学术研究领域，可以发现学者们对于汉字起源的看法存在分歧，从结绳、八卦、陶符、图画、历数、河图洛书、仓颉造字到甲骨占卜等都有许多讨论空间。

在众多可能性中，还有一种可能即是文字画。在文字学者的眼中，文字画指的是人类文明刚萌芽但还未发展出文字，人们用来记录与沟通的简单的线条或图形。但是因为文字画没有固定的字与句子，仅能从图画中的一些素材猜测出画者所要传达的想法，所以常常会有认知上的落差。例如，在石壁

传说仓颉四目。

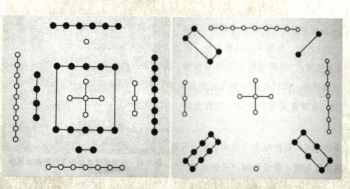

河图洛书。

上画一朵云和雨滴，有人解读为雨天，有人认为是即将下雨，也有人解释为已经下过雨，那是因为对于同一幅图画可能因人而产生不同的认知所致。文字学者认为，文字画属于人类文明发展的初阶，无法精确地达到沟通的需要，为了应付越来越复杂的生活形态，势必发展出更精确、更有效的文字系统，所以许多原始族群各自所属的文字画就这么慢慢地消失了。

古代文王八卦。

既然汉字至今还保留着象形文字的灵魂，表示文字形象与事物本身有直接或间接的关联。作者认为象形文字可以视为一种文字画，象形文字不只是文字的线条，它同时也在展现人类绘图的能力。人类绘画构图能力的发展是由简单趋向复杂，刚开始只能画出简单的线条，渐渐发展或训练出复杂的构图，从基本的线条能力到较为复杂图案的发展过程，犹如小孩子手部与脑部的协调发展一般，小孩是先学会画直横线，然后才会简单的几何图形，之后才有构图能力，而象形文字就是人类绘图能力的表现。在当今世界中，已找不到像汉字一样还看得懂的两千多年前的典章书籍，汉字已被视为世界上重要的文化资产。为何汉字可以流传这么多年呢？在众多理由中，作者认为最关键的原因在于——汉字的起源本身就充满着图像概念，而象形文字则是图像简化之后的代表。

汉字的图像思维

　　相较于西方的拼音文字，中国的文字被视为拼形文字，又称为象形文字或方块文字；不过，自从隶书定型之后，很多文字就已经脱离象形，被归类为指事、形声或其他类别。传统文字学是以东汉许慎所提到的六书为依归，所谓六书，是指"象形、指事、形声、会意、转注、假借"六种造字方法。六书这个词最早见于《周礼》；东汉班固《汉书·艺文志》也曾提及六书，而班固所指的六书则是"象形、象事、象意、象声、转注、假借"。当时也有其他文字学者认为六书应该是"象形、会意、转注、处事、假借、谐声"，可见自东汉时期开始，学者对于六书的看法就颇为纷歧，只不过后世多采用许慎的分类作为中国文字的造字原则。

　　六书的讨论延续了两千年，直到清末民初文字学者唐兰提出三书说，他认为中国的造字原则应该可以归纳为象形、象意与形声这三种方式。唐兰强调象形、象意是上古时期的图画文字，形声文字则是近古时期的声符文字，这三类可以包括所有中国文字。从六书到三书，这是不同时代、不同文字学者对中国文字造字所提出的不同见解。

　　不论是许慎的六书还是唐兰的三书，目的都是为了说明中国文字的造字方法。而本文作者的创作动机，则是希望可以跳脱传统文字学的讨论方式，亦即只要可以用类似象形文字的方式呈现，不论它归属于许慎的指事、形声、会意、转注、假借，抑或唐兰的象意、形声，作者都将其统称为"类象形"。以"类象形"的概念重新看待中国的文字，回归象形文字的本质，以图像为出发点，让学习者可以充分感受到中国文字的形成与意境。把原本不是归类于象形系统的文字，以象形的手法来设计呈现，加深对中国文字的记忆，同时增加学习中国文字的趣味性。这就是本书提出"类象形"概念的最终目的。

《汉字好好玩》系列的七十五幅图画中，其中部分图片即是用"类象形"的概念进行创作。例如汉字画——城墙之象，城门上凹凸的石块，凹与凸这两个字在传统文字学中并未被特别提到，但若将它重新设计一番，就成了标准的象形文字，读者可以通过图画感受到凹、凸这两个字的意义与意境；另外，汉字画——方位之象，船停泊在岸边工人拉桅杆的设计，是为了介绍上、下、中、卡等几个字，若照许慎的解释，"指事者，视而可识，察而见意，上、下是也。"上与下是指事类别的字，并不属于象形字，不过作者在此也是以类象形的手法将上与下两字设计于桅杆，通过一根桅杆可以轻易学习到上、下、中、卡这四个汉字。

本系列七十五幅图画创作多以象形文字为基础，少部分不属于象形文字的则以"类象形"的手法来处理，所以不完全能用传统文字学的角度观之，必须以艺术与美学的眼光来看待。作者极力推广的一个概念即是"画中有字，字中有画"。图与画是没有国界的，既然中国文字属于象形文字，也就是图画文字，学习中国文字应该不是件难事。许多外国人会认为中国字不易学习，其实问题就出在当今的文字教学强调一笔一画地写，辜负了象形文字所隐藏的艺术价值；外国人也只看到一块块的字，却没有看到它的艺术之美。作者希望借由本书的问世，改变未来汉字的学习方式，原来"学汉字就像在看画，写汉字像是在学画"，不论是华人或是非华人都能真正欣赏汉字之美，轻轻松松学习汉字。

汉字画一

汉字脸谱

汉字
好好玩

古老中国一向给人神秘的想象，五千年的历史造就了我们多姿多彩的中华文化，仅是人的五官就被赋予了多重文化内涵，因此，面对同样一张脸不同的人就有不同的诠释角度。例如，算命师用气色来判断一个人的运势，红光满面代表此人鸿运当头，印堂发黑则表示生命将有危险。而京剧中的人物则是依照脸谱的颜色来区分人物的性格，常见的脸谱有红、黑、白、蓝、黄、金、银等颜色。一般说来，红色代表赤胆忠心，黑色代表正直，白色代表生性奸诈、手段狠毒，而金与银这二色则用于神、佛、鬼怪等角色。简言之，算命看气色，京剧看脸色。而画家呢？画家就看颜色！画家不仅要处理颜色的问题，更重要的是对线条的掌握。

京剧中人物的性格是由脸部的颜色来决定。

小孩子喜欢画人脸、耳朵轮廓与三根头发，与古文字的画法有些相似。

汉字脸谱。

谈到线条的掌握，其实从古代的文字就可以观察到中国人对线条的运用。中国文字被称为方块文字，又可称为象形文字。我们不得不佩服先人的智慧，他们观察人的脸部线条，描绘下了 ⊕、♨、⊟、♔、∪ 等形象，这些都是中国早期的文字。仔细研究这些古文字，我们可以看到线条与构图两个层面，象形文字可说是用最少的线条构成最原始的图像。

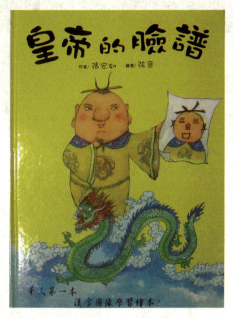

《皇帝的脸谱》是一本适合儿童阅读的故事书，让孩子在潜移默化中了解中国的文化，并且用图画来欣赏与学习汉字。

中国文字在创始之初，是在整体的概念下描绘出来的，而非单独的存在。若将❑、❑、❑、❑、❑这些古文字重新组合起来，我们可以发现一个很有趣的结果，竟是一张活泼生动的脸谱。虽然现今使用的耳、自、目、口、眉等文字的线条与古文字有些许差异，但仍保留了象形的本质。若将耳、自、目、口、眉等字再次组合，我们发现更像是一张抽象画的人脸图，作者称它为汉字脸谱。从这张脸谱中，我们可以轻松学会耳、口、自、目、眉、面等几个字，若在"自"（鼻子）头顶加上两根头发（丷），就是首这个字。可见中国的文字不只是纯文字而已，同时也兼具了抽象艺术的内涵。

汉字画

　　这是一张由古字 ⽿（耳）、⾃（自）、⽬（目）、眉（眉）、⼝（口）等字组合而成的人脸图。

这是一张由耳、目、口、自、眉、丷等字组成的汉字脸谱，
看似简单的一张脸谱，却隐藏着耳、目、口、自、眉、首等七个中国文字。

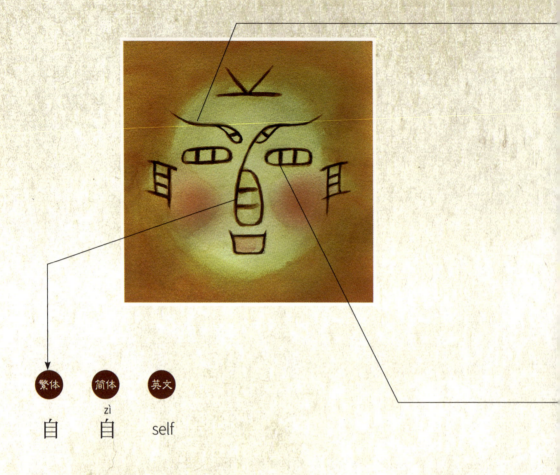

繁体	简体	英文
自	zì 自	self

字义说明 指自己、自身，"自"的古字原是鼻子的外形，之后演变为第一人称的意思；许慎强调，自像鼻子的形状，属于象形文字。与自有关的字，有臭、臬、鼻、嗅等。

说文解字 "鼻也，象鼻形。凡自之属皆从自。"

图1   图2   图3

字形说明 采直视角度，取鼻子之形造字。

最初勾勒鼻子鼻翼的外形轮廓，下面凹陷处犹如鼻孔（图1）；演变至今，字形结构改变：图1→图2、图3。

常用词汇 自给自足 自力更生

méi

眉　　眉　　eyebrow

字义说明　眉毛，眼睛上方的毛发；许慎解释，眉是长在目上边的毛。与眉有
关的字，有媚、楣、湄、嵋等。

说文解字　"目上毛也，从目，象眉之形，上象额理也。凡眉之属皆从眉。"

图1　　图2　　图3

字形说明　采直视角度，取眼睛与眉毛之形造字。
最初勾勒眼睛轮廓，上面三条直竖线条代表眉毛（图1）；演变至今，
字形结构改变，保留眉毛在上、眼睛在下的基本结构：图1→图2→
图3，属上下结构。

常用词汇　眉清目秀　眉开眼笑　愁眉苦脸

繁体　　简体　　英文

mù

目　　目　　eye

字义说明　眼睛，人的视觉器官；许慎强调，目属象形文字，古字的目有童
子，所谓的童子是指眼珠的意思。与目有关的字，有眼、睛、盲、
看、见（見）、瞳等。

说文解字　"人眼，象形，重童子也。凡目之属皆从目。"

图1　　图2　　图3

字形说明　采直视角度，取眼睛之形造字。
最初勾勒眼睛外部轮廓与内部的眼珠（图1）；演变至今，字形结
构改变：图1→图2、图3。

常用词汇　目中无人　目光如炬　目瞪口呆

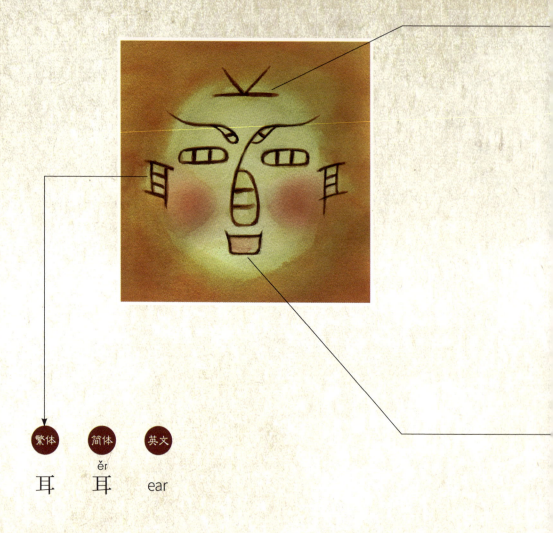

繁体	简体	英文
耳	ěr 耳	ear

字义说明　耳朵，人类的听觉器官；许慎强调，耳属于象形文字。与耳有关的字，有取、圣（聖）、听（聽）、聆、聒等。

说文解字　"主听也，象形。凡耳之属皆从耳。"

图1　　图2　　图3

字形说明　采直视角度，取耳朵之形造字。最初是勾勒耳朵外轮廓，以﹥←表示耳面的线条（图1）；演变至今，字形结构已改变：图1、图2→图3。

常用词汇　耳目一新　耳听八方　耳熟能详　耳聪目明

繁体	简体	英文	
	shǒu		
首	首	head	

字义说明 头部；许慎认为，巛（chuān）表示头发的意思，只要出现巛大都与头发有关。与首有关的字，有道、导（導）等。

说文解字 "𦣻同，古文𦣻也。巛象发，谓之鬊，鬊即巛也。凡𩠐之属皆从𩠐。"

ぢ　𦣻　𩠐　首

图1　　　　图2　　　　图3　　　　图4

字形说明 采直视角度，取头发与鼻子结合之形造字。
在古字中"首"有两种画法：一是头发与眼睛一起画（图1）；二是头发与鼻子一起画（图2）。后世采用自（鼻子）加上头发来代表人的头部（图3、图4）。演变至今，字形结构改变：图1、图2→图3→图4，属上下结构。

常用词汇 痛心疾首　罪魁祸首　首屈一指

繁体	简体	英文
	kǒu	
口	口	mouth

字义说明 嘴巴，人用来说话与饮食的器官；许慎强调，口属象形文字。与口有关的字，有叫、叨、句、吃、吞、右等。

说文解字 "人所以言食也，象形。凡口之属皆从口。"

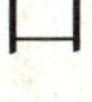

图1　　　　图2　　　　图3

字形说明 采直视角度，取嘴巴张大之形造字。
最初勾勒嘴巴张开之外形（图1）；演变至今，字形线条结构略有改变：图1、图2→图3。

常用词汇 口耳相传　口若悬河　口才出众

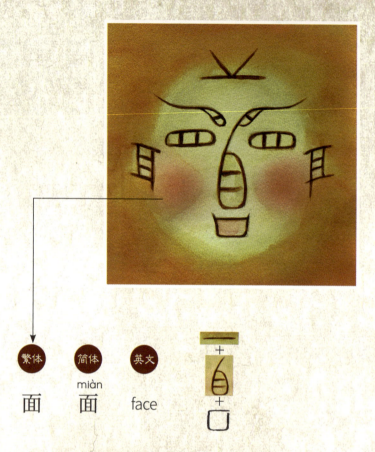

繁体　简体　英文

miàn

面　面　face

字义说明 脸，颜面；许慎解释，面指人的脸部。与面有关的字，有靥、缅、靦等。

说文解字 "颜前也，从百，象人面形。凡面之属皆从面。"

图1　　图2　　图3

字形说明 采直视角度，取头顶、脸轮廓与鼻子之形造字。

古字"面"也有两种画法：一是脸部轮廓里面画一只眼睛（图1）；二是脸部轮廓里面画鼻子（图2）。后世以一横代表头顶，以口（wéi）代表脸部，中间放个鼻子（自）之形，意指整个脸面（图3）。

字形结构改变：图1、图2→图3，属上下结构。

常用词汇 面红耳赤　面目全非　面目可憎

汉字画二

身体字谱

汉字
好好玩

中华文化博大精深，传统医学现今简称为"中医"，常给外界一种深不可测的神秘感，在华人文化圈已流传了好几千年。中医看诊讲究望、闻、问、切四个步骤：望是看患者的脸色气色，闻是听其呼吸与声音、咳嗽，问则是了解病患的病情，切则是把脉。中医师针对病患的症状有时采"头痛医脚，脚痛医头"的治疗策略，这对西方人而言是很难理解的。为何头痛要医脚，脚痛却医头，其实这与中医的理论系统有关。中医认为，每个人的身体都是个小宇宙，讲求循环，头脚相通，气血相连，人体上所显现的病痛，其病灶可能在其他地方显现，所以中医师治病必须从病患的整体概念出发，针对经络与穴位进行针灸就是中医治疗当中一个较为有效的方法。

铜人全身上下标示着穴位。

除了针灸疗法外，中医治病的方式还包括药疗、食疗、推拿、按摩……其中按摩的部分，又细分出经络按摩、足底按摩等。据传说，足底按摩在唐朝时就传入了日本。足底按摩在台湾地区也已盛行多年，因民众对健康养生的重视，在公共建设上也做了相关的设计。当你经过公园时不难发现这里有许多小碎石铺成的道路，这就是运用了足底按摩的原理，民众可以一边运动，

灸疗器具。

传统的中药店。

一边刺激脚底穴道达到养生目的。

中医诊所的墙面上常挂着人体骨骼经络图或穴位图，从这些人体挂图可以了解到骨骼、经络、穴位的位置与关系，这些复杂的经络穴位图就是中医治疗的重要依据。作者认为中国文字与中医一样讲究整体性，所以中国文字不应该是一个字一个字地慢慢学，而是要通过图像有系统地学习。因此，作者设计了一幅人体字谱，将 足、𦣻、骨、手、心 等字组成一幅人体图，通过这幅图可以学到"足""胃""骨""手""心"这五个字，用图像概念来学习中国文字既有趣又容易记忆。

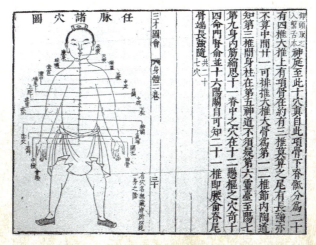

《任脉诸穴图》。

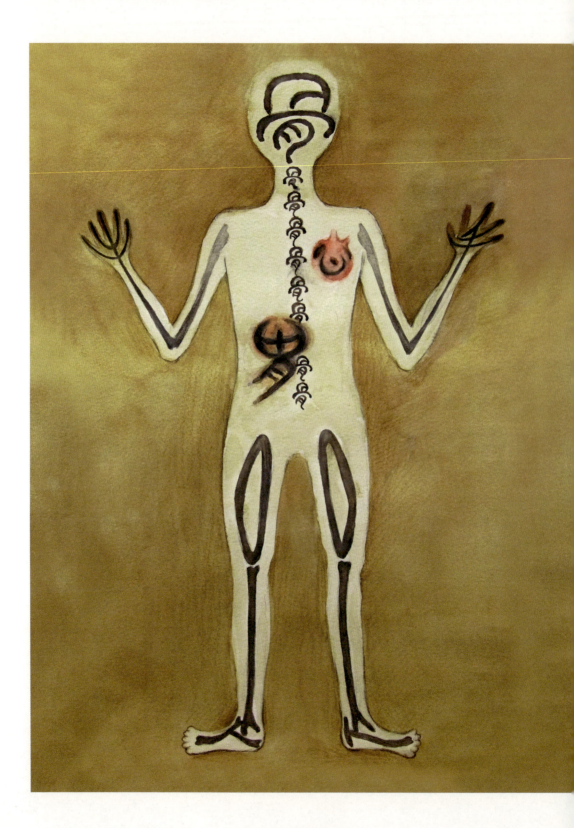

汉字画

这是一张人体图，可以看到人体的骨骼架构，有头盖骨、脊椎骨（骨），手（手）的经络，足（足）的部分，体内器官有心（心）与胃（胃）。

此幅图介绍骨、手、足、心、胃等五个字。

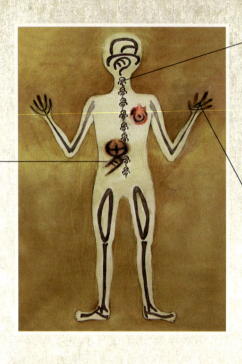

 繁体　 简体　英文

wèi

胃　　胃　　stomach

字义说明　人和动物的消化器官；许慎强调，胃是食物消化的地方，属象形文字。与胃有关的字，有谓、喟等。

说文解字　"穀府也，从肉，图象形。"

图1　　图2　　图3

字形说明　采直视角度，取胃之形造字。

上半部勾勒出胃之形，里头的黑点代表正在被分解的食物，下半部是强调与肉有关（图1）；演变至今，字形线条改变：图1、图2→图3，属上下结构。

常用词汇　刮肠洗胃

gǔ

骨　骨　bone

字义说明　骨头、骨骼；许慎强调，骨被覆盖在肉的下面，是由冎与肉（月）组合而成。与骨有关的字，有骼、滑等。

说文解字　"肉之覈（注：hé，通"核"）也，从冎有肉。凡骨之属皆从骨。"

图1　　　图2　　　图3

字形说明　采直视角度，取骨头之形造字。
勾勒出骨骼的外形，上面是骨骼，下面是骨头上的肉（图1）；字形线条结构略有改变：图1、图2→图3，属上下结构。

常用词汇　刻骨铭心　骨肉相连　脱胎换骨　骨瘦如柴

shǒu

手　手　hand

字义说明　手部，手指；许慎强调，手是象形文字。作部首时多以"扌"表示，与手有关的字，有拳、打、拉、扒、扣、扔、扶、抨、播等。

说文解字　"拳也，象形。凡手之属皆从手。"

图1　　　图2　　　图3　　　图4

字形说明　采直视角度，取五根手指之形造字。
画出五根手指头，与中间的手臂（图1、图2）；演变至今，字形线条结构改变：图1、图2、图3→图4。

常用词汇　手舞足蹈　赤手空拳　顺手牵羊

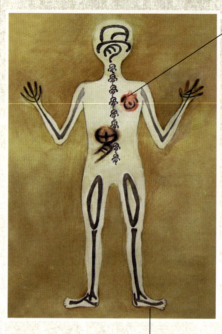

繁体	简体	英文

zú

足　　足　　leg

字义说明 脚，最初指大腿到脚底；许慎强调，足由止与口组合而成，用方形
（口）来表示大腿与小腿之形。作部首时多以"⻊"表示，与足有
关的字，有促、捉、踢、路、跌等。

说文解字 "人之足也，在下，从止口。凡足之属皆从足。"

图1　　　图2　　　图3　　　图4

字形说明 采直视角度，取大腿到脚底之形造字。
最初是画出大腿连至脚底的样子（图1）；演变至今，字形线条结
构改变：图1→图2、图3、图4，属上下结构。

常用词汇 削足适履　知足常乐　丰衣足食　心满意足

xīn

心　心　heart

字义说明 心脏；许慎强调，心脏在人体之中，属象形文字。作部首时多以"忄"表示，与心有关的字，有忍、念、蕊、情、怪、忙、忡、怕等。

说文解字 "人心，土藏，在身之中。象形。博士说以为火藏。凡心之属皆从心。"

图1　　　图2　　　图3

字形说明 采直视角度，取心脏之形造字。

左右两边勾勒出心脏的轮廓，中间像是两条血管（图1）；演变至今，字形结构改变：图1、图2→图3。

常用词汇 心神不宁　随心所欲　铁石心肠

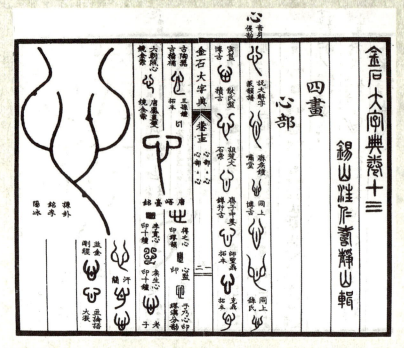

《金石大字典》中"心"的各种画法。

《说文解字》中肝、胆、脾、胃、肾的说明。

日月星象

汉字
好好玩

许慎《说文解字》自序，"近取诸身，远取诸物"。在远取诸物的部分，与人类生活起居关系最密切的就是天象的变化。虽然天象变化万千，但古人在造这类文字的同时，却也精准地掌握太阳、月亮与星星的刹那与永恒。古时，将太阳称为"日"，日的古字  是取太阳永恒不变的圆形；而月亮时圆时缺外形多变，圆时少，缺时多，月的古字 画月亮的弧形，取月缺之形以便和"日"区分。

由于光晕的影响，肉眼可见的太阳并不是呈规则的圆形，古人在刻画日字时也不是画正圆形。

夜晚才出现的星星，古字 画一棵树上挂着三个小圆形，这三个小圆形并不是太阳，而是指三颗小星星。古时星星被视为是夜晚的太阳，之所以称之为"夜晚的太阳"有两个原因：首先，就形体而言，星星与太阳

上弦月。

都是亘古不变的球形；其次，就方位而言，星星与太阳一样，具有指示方向的作用。对古人来说，日出之处就是东方，而夜晚北极星所在的位置就是北方，所以星星的画法就与太阳一样。不过星星的数

《三才图会》古代星象图。

量多，所以画了三颗代表量多；再加上从远方凝视山区，星星布满黑夜的天空，就好像满天星斗挂在树梢上。因此，古字 就画出一棵树上挂着三颗星星来表示"星"字；而三颗星星强调光芒，古字 画三个日重叠，用来表示星星的亮度，即夜晚的星星如同白天的太阳一样正亮晶晶地闪烁光芒。

汉字画

黄昏的天空特别热闹，西边的太阳（⊙）即将落下，东边的一轮弯月（☽）正要升起，星星（🌟）挂在树枝上方，一闪一闪亮晶晶（晶）。

此幅画介绍日、月、星、晶等。

| 繁体 | 简体 | 英文 |

 rì

日　　日　　sun

字义说明　本义是指太阳，其后也延伸为计算时间的单位，如一日、二日或日期等意思；许慎提到，日是指光明盛实，由口与一组合而成，属象形文字。与日有关的字，有旱、旭、升（昇）、昏等。

说文解字　"实也，太阳之精不亏，从口一。象形。凡日之属皆从日。"

图1　　　图2　　　图3

字形说明　采仰视角度，取太阳之形造字。
勾勒太阳圆形的轮廓，中间加一横点（图1）；字形线条结构略有改变，原本圆形轮廓变为长方形：图1→图2、图3。

常用词汇　日新月异　日积月累　日晒雨淋

繁体　简体　英文

yuè

月　月　moon

字义说明　月亮；许慎解释，月亮形体圆缺，不满之形，属象形文字。与月有关的字，有明、朔、朦、期、望等。

说文解字　"阙也，太阴之精。象形。凡月之属皆从月。"

图1　　图2　　图3

字形说明　采仰视角度，取弯月之形造字。

勾勒月亮半圆时的弧形线条，中间加上一点（图1）；字形线条结构改变：图1、图2→图3。

常用词汇　月下老人　月明星稀　风花雪月

繁体　简体　英文

xīng

星　星　star

字义说明　星星；许慎解释，众星罗列天空，闪亮发光。与星有关的字，有惺、腥、猩、醒等。

说文解字　"曐，万物之精，上为列星，从晶，生声，一曰象形。"

图1　　图2　　图3

字形说明　采仰视角度，取星星挂在树梢之形造字。

最初画三颗星星挂在树梢的样子，以三个日代表众多星星，下面是一棵树（图1）；演变至今，字形结构改变，原本三个"日"改以一个"日"代替，日由圆形变方形：图1、图2→图3，属上下结构。

常用词汇　星罗棋布　寥若晨星　物换星移

繁体	简体	英文
	jīng	
晶	晶	glitter

字义说明 亮光、明亮；许慎强调，晶是由三个日字组合而成。

说文解字 "精光也，从三日。凡晶之属皆从晶。"

图1　　　　图2　　　　图3

字形说明 采仰视角度，取星星之形造字。
用太阳圆形概念来画星星，但星星数量多，形体小，所以用三个日重叠强调夜晚的亮光（图1）；字形结构略有改变，由圆形改以方形代替：图1、图2→图3，属上下结构。

常用词汇 晶莹剔透　水晶灯笼

汉字画四

雷电之象

汉字
好好玩

中华民族是一个多神信仰的民族，相信万物都有其主宰，以雷电为例，雷与电被赋予了神格化与人格化之意涵。在神格化部分，雷电代表着正义，若有人作恶多端，最后必遭天打雷劈，这表示上天给恶人的惩罚，为善良的人伸张正义；在人格化部分，在中国神话中，雷电常被视为一对夫妻，称为雷公与电母（电母又被称为"闪电娘娘"），有雷就有电，它们时常相伴出现，就像人间的夫妻关系一般，夫妻共存共生代表阴阳调和。

雨、云、雷、电都是自然现象，变幻莫测且不易掌握，然而这几个字有一个共同的特点，就是没有固定的形象，形象变化大且快，不过古人却能用简单的线条抓住这些自然元素刹那间的独特形象。例如，云是多变的形体，古字  画出云朵的线条；雷是强调声音，古字 画出下雨时雷声的形象；电则是强调刹那的强光，古字 画出雨中闪电的形状。雷电的发生仅在刹那间，刹那间的声音与光线其实很难

云。

雨。

古时视彩虹为一条双头蛇。

捕捉，但为了表现这些形象只好借由雨来衬托，古字  就像天空布满雨滴与水气。可见古人早已观察到云、雷、电的发生都与雨有关，所以这几个字上头都加入了雨的形象。

中国有一句谚语："家有一老，如有一宝"，因为老人家有丰富的生活经验，光看云气就知道天气的变化，光听雷声就知道雨势大小，有时还能从彩虹出现的方位判断出雨势的变化。民间更流传着一种说法，如果彩虹出现在东边，表示天空即将放晴；如果彩虹出现在西边，表示隔天将会继续下雨。然而在古代，人们并不把彩虹当成美丽的自然现象，而是视为天气变化前的预兆，还是种凶兆。古字 把彩虹画成双头蛇，因为古人把彩虹看成是一条出现在天空中的双头蛇，这条双头蛇蛇头朝下就像是在喝地面上的水，并且会将水喝干，所以谣传只要有彩虹出现，不久之后必会有旱象发生。

汉字画

乌云（云）密布的天空，不时发出轰隆隆的雷（雷）声，伴随着几道闪电（电），不久就下起大雨（雨），雨过天晴后就会出现一道彩虹（虹）。

这幅天象图，包含云（雲）、雷、电（電）、雨、虹等。

繁体　简体　英文

léi

雷　雷　thunder

字义说明　雷是下雨时，天空发出的巨大声响，由于声音无法描绘，只能借由闪电在云层间窜动的形象来表示；许慎解释，雷是天空中阴气与阳气互动所产生，雷雨可以滋生万物，由雨与畾（léi）组合而成。

说文解字　"靁（léi），阴阳薄动，靁雨生物者也。从雨畾，象回转形。"

图1　　图2　　图3

字形说明　采仰视角度，取天空下雨时，巨大声音划破云层之象造字。
雷声的产生与天上的云雨有关，故以雨为上半部，下半部则表示声音巨响（图1）；演变至今，字形结构略有改变，由繁趋于简，原本的改以一个田代表：图1、图2→图3，属上下结构。

常用词汇　雷厉风行　天打雷劈　掌声雷动

繁体　简体　英文

diàn

電　电　lightning

字义说明　天空出现的闪电，古代与"申"本为同一字；许慎解释，电是空中
阴与阳相触放出的强光，由雨与申组合而成。

说文解字　"阴阳激耀也，从雨从申。"

電　電

图1　　图2

字形说明　采仰视角度，取闪电划破云层光线之形造字。

最初上面是画雨，下面则是光穿透云层的样子，以曲线表示闪电的形状
（图1）；演变至今，字形结构略有改变：图1→图2，属于上下结构。

常用词汇　疾如雷电　风驰电掣　电光石火

繁体　简体　英文

yǔ

雨　雨　rain

字义说明　从天空云层落下的水；许慎解释，上面一横代表天，冂形则代表
云，水滴从云层落下。与雨有关的字，有云（雲）、雪、雾、灵
（靈）等。

说文解字　"水，从云下也，一象天，冂象云，水霝（líng）其间也。凡雨之属皆
从雨。"

雨　雨　雨　雨

图1　　图2　　图3　　图4

字形说明　采仰视角度，取雨水从云层落下的样子造字。

以冂表示云层，以点表示雨滴落下（图1）；演变至今，字形线条
结构略有改变：图1、图2、图3→图4。

常用词汇　雨过天晴　雨后春笋　风调雨顺

繁体	简体	英文
雲	yún 云	cloud

字义说明　飘在空中的白色气体；许慎提到，雲是由雨与云组合而成，云是画云朵之形，古字仅画云的形象，省略了上边雨的部分。

说文解字　"雲，山川气也。从雨云。云，象云回转形。云，古文省雨。"

　　雲

　　图1　　　　图2　　　　图3

字形说明　采仰视角度，取云之形造字。

　　　　　　上面横线表示云层，弯曲之处表大片的云朵或是云层的变化（图1）；
　　　　　　字形结构微略改变：图1→图2、图3，属上下结构。

常用词汇　过眼云烟　云淡风轻　平步青云

繁体　简体　英文

hóng

虹　虹　rainbow

字义说明　彩虹；许慎强调，虹是雨后天空出现的七色圆弧，形状像是一条长
虫，由虫与工组合而成。

说文解字　"螮蝀也，状似虫，从虫，工声。"

𧈧　　虹

　图1　　　图2

字形说明　采仰视角度，取彩虹横跨空中之形造字。
最初是画一条双头蛇，蛇头朝下，中间为长弧形的蛇身（图1）；
演变至今，字形结构已改变：图1→图2。

常用词汇　气贯长虹

日

日 ⊙

日中有黑影。初無定在。即所謂三足烏者也。

月

月 ⊃

月圓時少闕。月缺時多且讓日。故作上下弦時形也。中一筆本是地影。詞藻家所謂顧兔桂樹也。

雲　云 ⊙

雲与煙同形。一象天。⊥則地气上騰也。再加雨為雲。遂成形聲字。細上大倒轉⊙字即是云字。

雨　雨　雨

冂則天氣下降也。陰陽和而後雨。點則雨形。

申

電之古文也。電光閃爍。有長有短字形象之說。交電下云從申。虹下云申電也皆可證。

气　气

此雲气之正字。籀文作小篆作不復成為象形。經典作气而訓為求。本是假借。借用既久遂以气代气氣。乃餼之古字。又作既槩。論語不使勝食氣。中庸既稟稱事。

《文字蒙求》中日、月、云、雨、电的介绍。

山川之象

汉字

好好玩

在大自然中，有山就有水，有水就有川，有川就有洲；山势愈是高耸，水流就愈显湍急。湍急的流水容易形成漩涡，水流中挟带着泥沙；当泥沙淤积时，就容易形成大大小小的沙洲，这样的自然景象往往是画家钟爱的作画素材。

中国画家常用简单的水墨画出丰富美丽的山水风景。

在中国的泼墨山水画中，山与水通常是一起出现，山水相连，山似山，山又不似山；水似水，水又不似水。看似抽象的线条，却也表达了实际的景物。山的古字 ⛰ 就是画出山峰连绵的景象；而水的古字 川 是以三条曲线（两虚线一实线）来代表水流的形象。而当两侧的虚线以实线替代后，就成了川，川的古字 川 就是用三条曲线表示水侵蚀河

《云山神韵》。

河道上由于长时间的沙石堆积，慢慢形成了沙洲。

底后所出现的河道，代表河川的意思；若是河川中有沙石淤积就容易形成沙洲。洲的本字是州，州的古字 ξξξ 中间的小圆点即代表泥沙堆积的形状。

ⱳⱳ、ⱳⱳ、ξξξ这几个字字形虽然很相像，但意思却不一样，可见象形文字保有很强的艺术性。中国画家强调写意，画不需要追求精确，只要掌握神韵即可；这与西洋画强调写实截然不同，西方画家常背着画架到郊外画画，强调作品必须依照实景的比例呈现。中国文人雅士喜欢到处游山玩水，走走看看，回去后再把所见所闻依照自己的印象与感受画下来。中国山水画虽不讲求与真实事物的比例，却也保留了无限的想象空间。

汉字画

一座雄伟的高山（⛰），山间流出了清澈的泉水（∬）；水流不断地

侵蚀地底，形成河川（川）；随着水流流速减缓，泥沙慢慢地淤积成了沙洲

（州）；水流经过沙洲后，出现了回（回）转的漩涡。

此幅山水画，以简单的线条涵盖了山、水、川、州（洲）、回等五个字。

繁体　　简体　　英文

山　shān
山　山　mountain

字义说明　山，在地面上隆起的高大土石；许慎强调，土石堆积而成的高大形象，属象形文字。与山有关的字，有岩、崇、崩、岭等。

说文解字　"有石而高，象形。凡山之属皆从山。"

图1　　图2　　图3

字形说明　采直视角度，取山峦起伏之形造字。
最初是描绘三座山峰并立的样子（图1）；演变至今，字形线条结构略有改变：图1、图2→图3，改以三直线表三座山峰，下面一横线代表地面（图3）。

常用词汇　山高水长　山明水秀　山穷水尽　山崩地裂

shuǐ

水　水　water

字义说明 无色无味的液体；许慎解释，水从高处往低处汇集，且不断流动的样子。作部首时多以"氵"表示，"氵"似水珠溅起的样子，与水有关的字，有冰、河、江、湖、沙、油等。

说文解字 "准也，北方之行，象众水并流，中有微阳之气也。凡水之属皆从水。"

　　水

图1 　　　图2 　　　图3

字形说明 采俯视角度，取水不断流动之象造字。

最初以三条线代表水流的样子（这里三条线又表示水量多），中间一条实线，两边各一条虚线，以此表现水流动的样子（图1）；演变至今，字形线条结构改变：图1、图2→图3。

常用词汇 水涨船高　水深火热　水土不服　水到渠成　水落石出

繁体　简体　英文

chuān

川　川　river/valley

字义说明 河流、水道；许慎解释，大小水流汇集后，水流贯穿地面的样子，古字亦曾用巛（chuān）之形来表示。与川有关的字，有顺、训、巡、圳等。

说文解字 "贯穿通流水也。《虞书》曰：'濬く（quǎn）巜（kuài）距川，言深く巜之水会为川也。'凡川之属皆从川。"

川　　巛　　川

图1 　　　图2 　　　图3

字形说明 采俯视角度，取水道之形造字。

水流行进中冲刷出河道，以三条直线代表河道的样子（图1）；字形结构未变：图1、图2→图3。

常用词汇 川流不息　名山大川

繁体　简体　英文

zhōu

州　州　sandbar

字义说明　行政单位的代称，本义是水中的陆地，后被"洲"所取代；许慎解
　　　　　　释，水中堆积成的沙洲或沙岛，由于面积广大所以人可在上面居
　　　　　　住。与州有关的字，有洲等。

说文解字　"水中可居曰州，周绕其旁，从重川。昔尧遭洪水，民居水中高土，
　　　　　　或曰九州。《诗》曰：'在河之州。'一曰州，畴也。"

　　州

图1　　　图2　　　图3

字形说明　采俯视角度，取水流遇河中沙洲，水从沙洲旁流过之象造字。
　　　　　　最初画出三条线表水流的样子，中间以空心圆形表示泥沙淤积而成
　　　　　　的土地（图1）；演变至今，字形线条结构略有改变，中间原空心
　　　　　　圆形改以点状代表石头或沙洲：图1、图2→图3。

常用词汇　州官放火　跨州越郡

huí

回　回　to whirl/to return

字义说明　来回、次数；许慎解释，回像漩涡转动的形状。与回有关的字，有涸、茴、徊等。

说文解字　"转也，从囗，中象回转形。"

ᓂ　ᓄ　回

图1 　　图2 　　图3

字形说明　采俯视角度，取漩涡回转之形造字。

最初画出一条弯线表河水流动时产生的圆形漩涡（图1）；演变至今，字形线条结构改变：图1、图2→图3，属内外结构。

常用词汇　回头是岸　回心转意　起死回生

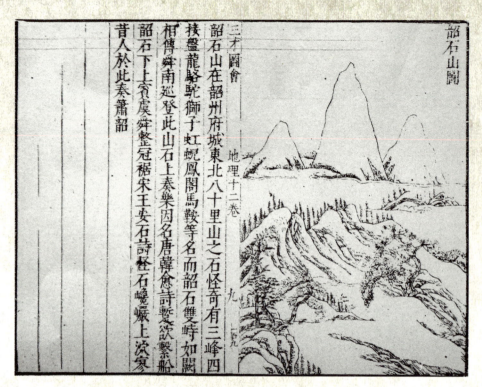

昔人於此奏簫韶

韶石下上賓虞舜整冠裾宋王安石詩怪石巉巖上沉寥

相傳舜南巡登此山石上奏樂因名唐韓愈詩暫欲繫船

接盤龍駱駝獅子虹蜺鳳閣馬鞍等名而韶石雙峯如闕

韶石山在韶州府城東北八十里山之石怪奇有三峯四

三才圖會　地理十二卷　九　二九

韶石山圖

《三才图会》山水图。

捕鱼之象

汉字
好好玩

俗话说，靠山吃山，靠水吃水。自古以来，人们的生活就离不开山与水，对于那些居住在河边的人们来说，河中的鱼、虾、贝类不仅是主要的食物，更重要的是若将这些鱼虾、贝壳拿到市场上去卖，还可以获得收益。许慎解释买的古字 貫 时，提到"市也，从网、贝。《孟子》曰：'登垄断而网市利。'"意思是说将网子捕获的贝壳拿到市场上交易是有利可图的。

中国古代的铜币，外圆内方的造型其实代表了中国人天圆地方的世界观。

可见，在远古时代贝壳具有很高的价值。贝类曾被当作交易时的货币。所以观察古字就可以发现只要与商业交易有关的字，均以贝为字源，如财、货、买（買）、卖（賣）、费、资、贩、贸、贵、贯等。

本章的汉字画主要是表现渔夫拿着渔网在水中捕捉鱼、虾子、贝壳的样子。作者设计此幅图时，特别将"大""夫"这两个字放在一块，因为 大 与 夫 这两个古字是有所

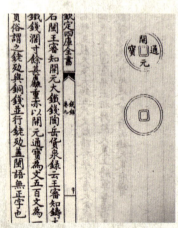

《钦定四库全书》介绍古钱币。

关联的,《说文解字》:"天大,地大,人亦大。"大的古字  是强调人将双手双脚打开的样子;夫的古字 **夫** 则是人的头上多了一把簪子束发,表示男子成年了。它的引申含义是已经结婚的男子,也可以表示从事某种体力劳动的人,如渔夫、农夫等。古字是以发簪来区分"大"与"夫",不过作者心里还是存着疑问,为什么古人要用人的手脚张开表示"大"呢?经反复思索后,作者发现将"大"与"夫"赋予某些动作后,可能会更好理解一些。以渔夫捕鱼为例,当渔夫用网捕鱼时,得靠手脚将网撑开张大;为了防止头发碰到水或与网子缠绕拉扯,就会用簪子把头发束紧。

渔夫将刚捕到的鱼,放置在竹筏的夹层中,如此可以保持活鱼的鲜度。

龟。

汉字画

夕阳西下，三只乌龟（龜）悠闲地在沙（沙）滩上缓缓爬行。渔夫将手脚打开张大（大）以便固定渔网（网）；在他左边的男子头上插着一支发簪，是一位已成年的丈夫（夫）。今天是两人丰收的一天，网里有许多的鱼（鱼）与贝（貝）类。

此幅图介绍龟（龜）、沙、大、网、夫、鱼（魚）、贝（貝）等。

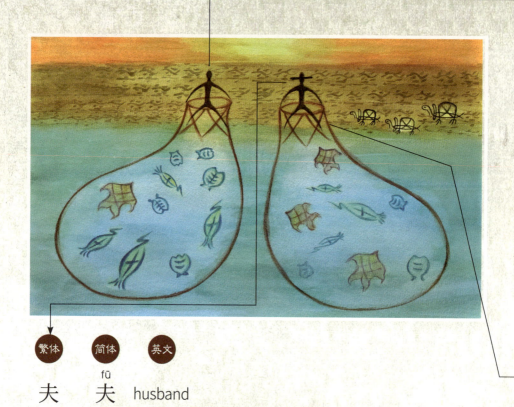

繁体　简体　英文

fū

夫　　夫　husband

字义说明　成年的男子，现今以丈夫代表女性的另一半。许慎解释，夫是丈夫的意思，由大与一组合而成，一代表头上的簪（zān）子；此外，许慎提到丈是测量的单位，在周代，八寸代表一尺，十尺则以丈表示，古代男性身高约有十尺，故称之为丈夫。与夫有关的字，有伕、扶、规等。

说文解字　"丈夫也，从大，一以象簪也。周制以八寸为尺，十尺为丈，人长八尺，故曰丈夫。凡夫之属皆从夫。"

夳　　夫　　夫

图1　　图2　　图3

字形说明　采直视角度，取人头上插一支发簪的样子造字。
一个人将双手双脚打开，头上以一横线代表发簪（图1）；演变至今，字形线条结构未变：图1、图2→图3。

常用词汇　夫唱妇随　匹夫之勇　相夫教子

繁体	简体	英文
大	dà 大	big

字义说明 广大、宽大，与其他事物比较后所形成的大小概念；许慎解释，天与地都是无限的广大，人是万物之灵，就像天地一样大，大则是像人将手脚张开，顶天立地的样子。与大有关的字，有天、太、奔等。

说文解字 "天大，地大，人亦大，故大象人形，古文大也。凡大之属皆从大。"

图1　　图2　　图3

字形说明 采直视角度，取人将手脚张开的样子造字。

最初描绘人将双手双脚往两侧同时打开（图1）；演变至今，字形结构略有改变：图1、图2→图3。

常用词汇 大功告成　大公无私　大材小用

繁体	简体	英文
網	wǎng 网	net

字义说明 网子；许慎提到，庖牺氏时代就用绳子结出网子形状，用来捕捉鱼虾，网字就像网子的形状，以冂（jiōng）表示网之外形，而㸚表示绳子交叉的纹路。作部首时多以"罒"代表网，与网有关的字，有罔、網、魍（wǎng）、罗、罩等。

说文解字 "庖（páo）牺所结绳以渔。从冂，下象网交文。凡网之属皆从网。"

图1　　图2　　图3　　图4

字形说明 采直视角度，取网子之形造字。

两边直线代表木棍，中间的㸚表示网子交叉的样子（图1）；演变至今，字形结构略有改变：图1、图2→图3。繁体字写成網，是以"糸"作为部首，强调网子由丝织成的意味。（图4）

常用词汇 网开一面　法网恢恢　自投罗网

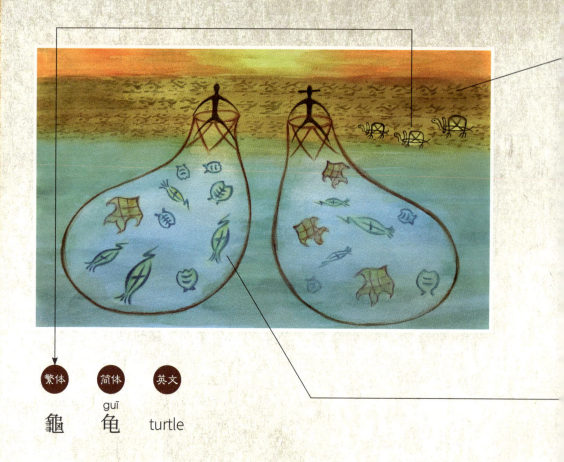

繁体	简体	英文

guī

龜　　龟　　turtle

字义说明　乌龟；许慎解释，龟是水陆两栖的动物，外面有坚硬的骨壳，壳内里是皮肉，头部与蛇头形状相似，又用以表示男性器官。

说文解字　"旧也，外骨内肉者也，从它，龟头与它头同。天地之性，广肩无雄，龟鳖之类，以它为雄。象足、甲、尾之形。凡龟之属皆从龟。"

图1　　图2　　图3

字形说明　采直视角度，取乌龟侧面之形造字。

最初是画出龟的头、背与蹼（图1）；演变至今，字形线条结构改变：图1、图2→图3，古时画出乌龟之形体，今则以匕表示龟头，艸表示龟蹼，囚表示龟背（图3）。

常用词汇　缩头乌龟　龟毛兔角　龟兔赛跑

shā

沙　沙　sand

字义说明　细细的小石粒；许慎解释，沙是水中散落的小石子儿，由水与少组合而成。与沙有关的字，有渺、挲、鲨、莎等。

说文解字　"水散石也，从水从少，水少沙见。"

图1　　　图2　　　图3

字形说明　采俯视角度，取水边细小沙粒之形造字。

最初画水边的沙土或石头，因为水流冲刷形成小细沙，古字沙是以"少"或"小"来表示细细的沙（图1）；演变至今，字形线条结构改变：图1、图2→图3，属左右结构。

常用词汇　飞沙走石　聚沙成塔　含沙射影

yú

魚　鱼　fish

字义说明　水中脊椎动物，用鳃呼吸；许慎解释，鱼是水里的一种虫类，属象形文字，鱼的尾部与燕子的尾部相似。与鱼有关的字，有鱿、鲔、鲜、鲸、鳗、鲑等。

说文解字　"水虫也，象形，鱼尾与燕尾相似。凡鱼之属皆从鱼。"

图1　　　图2　　　图3

字形说明　采俯视角度，取鱼全身的形状造字。最初是勾勒出鱼头、鱼身、鱼尾，中间以交叉线条表示鱼鳞，同时画出两侧的鱼鳍（图1）；古时画出鱼之全角，今则简化成 ⺈ 表示鱼头，田表示鱼身，灬表示鱼尾；演变至今，字形线条结构改变：图1、图2→图3。

常用词汇　鱼目混珠　鱼水之欢　缘木求鱼

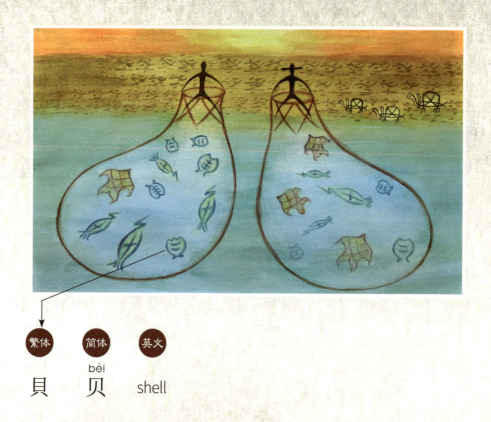

繁体	简体	英文

bèi

贝　贝　shell

字义说明　贝壳；许慎解释，贝是海里带介壳的一类生物，在陆上与海中有不同的名称，陆上称为猋（biāo），海里称为蜬（hán），属象形文字，贝在古时候是一种货币，也是一种宝物，直到秦代之后才废除贝的使用。与贝有关的字，有货、买（買）、卖（賣）、贩等。

说文解字　"海介虫也，居陆名猋，在水名蜬，象形。古者货贝而宝龟，周而有泉，至秦废贝行钱。凡贝之属皆从贝。"

图1　　图2　　图3　　图4

字形说明　采俯视角度，取贝壳开口处有纹路之形造字。
画贝壳的外形，中间横线表示贝壳纹路（图1、图2）；字形结构改变：图1、图2→图3、图4。

常用词汇　齿如含贝　心肝宝贝

汉字画七

农田之象

汉字
好好玩

原始社会人们最初过着采摘野果、野菜充饥的生活，树上有果子就摘果子吃，地上有菜叶就采菜叶吃，吃剩的瓜果子与根茎往地上一丢，没想到，过些日子竟然又长出可以吃的东西，于是人们渐渐有了耕种农作物的观念。耕种作物的同时，也发展出不同的农用器具。现代农具大多是由铁器铸造的，不过最早的农具是由石、骨、角等材质制作的。在我国西南地区发现了商代晚期的农具耜（sì）；耜是古时人们用来翻土的农具，早在新石器时代就已经出现。在牛犁出现之前，耒（lěi）耜为人力整田的主要农具，也因此耒耜成为古时农具的代名词。耒耜的发明同时开创了中国的农耕文化，而力的古字  画的就是古代农具耒的形状，上边有长柄，下端弯曲分开的部分是耒头。

此外，分析古人造字的初衷是一件很有趣的事，古人造字会考虑到土地种植的作物类型而造出不同的字。例如，种植谷物的区域称为

古代农用的工具。

菜圃。

一亩亩的田地。

"田"，如稻田、麦田等。古字  中间是指稻谷纵横整齐地排列之形；种植蔬菜的区域称为"圃"，又称为菜圃，古字 中间的 像植物刚发出幼苗的样子；种植果树的区域则称为"园"，又称为果园。不过，古字 的解释就稍微复杂了点，因为中间不是一棵果树，而是类似衣服的形状；许慎解释，园主要是为借用"袁"这个音，虽然园与其形有所落差，但还是可以体会古人造 、 、 这三个字时的用心良苦。

农人正在挖水道。

现代挖土工具。

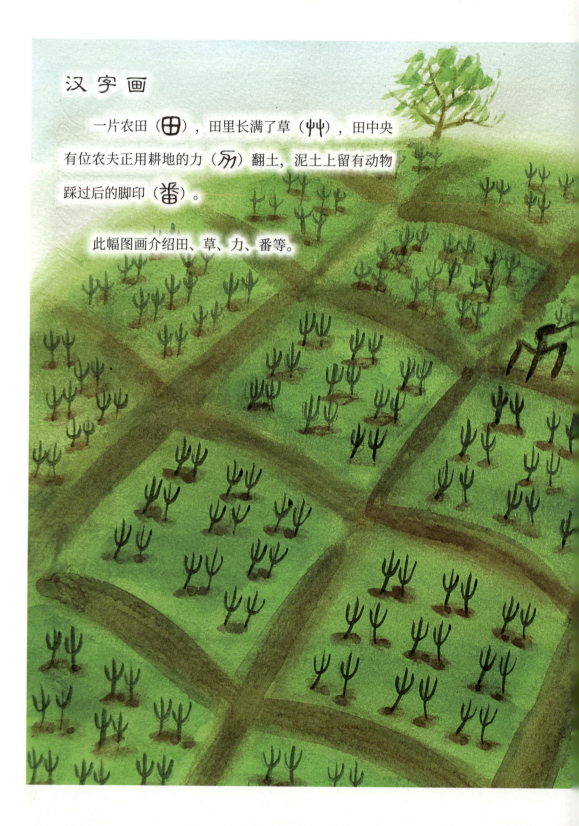

汉字画

　　一片农田（田），田里长满了草（艸），田中央有位农夫正用耕地的力（力）翻土，泥土上留有动物踩过后的脚印（番）。

　　此幅图画介绍田、草、力、番等。

繁体	简体	英文
	tián	
田	田	farmland

字义说明　耕种的土地；许慎解释，古时种植谷物的土地称为田，属象形文字，由口与十组合而成。与田有关的字，有佃 (diàn)、男、町、奋、界等。

说文解字　"陈也，树谷曰田。象四口；十，阡陌之制也。凡田之属皆从田。"

田　田　田

图1　　　图2　　　图3

字形说明　采俯视角度，取田埂之形造字。
画出四周的田埂与中间农作物一纵一横交错的样子（图1）；字形结构未变：图1、图2→图3。

常用词汇　沧海桑田　瓜田李下

力　力　plow/strength

字义说明　力气；许慎认为力是人身体筋脉的样子，而后世文字研究学者则认为力应当是一种农用工具，作者亦将力视为农用工具。与力有关的字，有功、助、努、动、劳等。

说文解字　"筋也，象人筋之形。治功曰力，能圉大灾。凡力之属皆从力。"

ʐ　勿　力
图1　图2　图3

字形说明　采直视角度，取力之形造字。

最初画出上半部的木杆，下半部为翻土器（图1、图2）；演变至今，字形线条结构改变：图1、图2→图3。

常用词汇　力不从心　力争上游　力排众议

cǎo
草　草　grass

字义说明　生长在土地上的植物的总称；原作"艸"，后来艸作了偏旁，其义便借"草"来表示。许慎解释，艸（cǎo）由两个"屮"组合而成。草是取艸之形与早之音；作部首时多以"艸（艹）"表示，与艸有关的字，有草、艾、花、芒、芬、茶等。

说文解字　"百卉（huì）也，从二屮。凡艸之属皆从艸。"

屮屮　艸　草
图1　图2　图3

字形说明　采俯视角度，取草叶向上生长之形造字。

最初画出下半部分的根，上半部像草冒出土的样子（图1）；演变至今，字形结构改变：图1、图2→图3，属上下结构。

常用词汇　草木皆兵　草草了事　草莽英雄　草菅人命

fān

繁体	简体	英文
番	番	footprint

字义说明 次，回；本义为脚印；许慎解释，番是动物走过农田所留下的脚印或爪印，通过这些印痕可以判断是哪一类的动物。与番有关的字，有翻、审（審）、播、潘、幡等。

说文解字 "兽足谓之番。从采，田象其掌。"

番　番　番
图1　　图2　　图3

字形说明 采俯视角度，取动物脚印之形造字。

画出动物踩在田里泥巴上的印痕（图1、图2）；演变至今，字形结构略有改变：图1、图2→图3。

常用词汇 三番两次

汉字画八

谷物之象

汉字
好好玩

中国土地幅员辽阔，农作物的生长受到纬度与气候的影响，南方以稻、黍为主，北方以麦类为主。虽然可以简单划分出南稻北麦，但稻、麦还可以再细分出不同的品种。以麦为例，主要可以分为大麦、小麦、燕麦、雀麦、荞麦等，早期还有一种麦被称为来。古字 ✦ 与 ✦ 即代表麦与来，乍看不太容易区分出来，两者的外形很相似，主要是因为这两个字的上半部叶子形状都一样，只能靠下半部来分辨两者的差异。

✦ 的下半部很明确，指的是根部；但麦的下半部 ✦（夊，suī）却有两种说法：第一种解释认为与来一样指的是根部；第二种解释则认为麦的下半部是脚印。然而究竟是脚印还是取其根部盘根错节之形，尚有争论。后世为区别这两个字，将麦视为麦类的代表，而来则失去了麦类作物的意思，词性由名词变为动词，如"来去"。

《本草纲目》记录各种麦类。

稻田里稻子正在结穗，饱满的稻穗往下垂。

玉米属于禾本科，是重要粮食作物之一。

南方人以稻米为主食，在古代称为禾，禾的古字  是画一株稻的样子，稻是由禾字衍生而来的。稻子成熟时结满丰硕的稻穗，将稻谷取下的行为称为脱粒。脱粒的方式又可分为两种：一种是人用手握一把稻秆拍打取谷粒，另一种则是用动物拉石碌碡碾稻秆取谷粒。谷粒再经过舂（chōng）臼（jiù）后才取得米，舂臼过程控制良好取得的米，称为精米，米的古字 指的就是去皮后的精华之形；舂臼过程中力度掌控不好容易将米舂碎，与谷皮一起成为米糠。米成了人的食物，米糠就作为家禽家畜的饲料，而稻壳、稻草及留在田中的根茎则被当成燃料或堆肥的原料。

《天工开物》田堰图。

我国常见的种植作物除了稻、麦之外，还有黍。黍指的是一种小米之类的农作物，黏性高，适合用来酿酒。黍的古字 上半部是禾，下半部是水。古文字尚未定型之前，水有时画在禾的左边 ，有时画在右边 ，不管怎么表现都强调与水有关。

《天工开物》打稻图。

汉字画

田里种植各种农作物，有稻禾（ ）、黍（ ）、麦（ ）、来（ ）等作物。稻穗成熟后，农民在筛子上拍打出稻米（ ）。

此幅谷类作物图介绍禾、黍、麦（麥）、来（來）、米等。

繁体	简体	英文
米	mǐ 米	rice

字义说明　稻谷去皮后的子实；许慎强调，米字就像米粒之形。与米有关的字，
有粉、粒、精、粹等。

（说文解字）　"粟实也，象禾实之形。凡米之属皆从米。"

米　米　米

图1　　　图2　　　图3

字形说明　采直视角度，取稻穗结实累累下垂之形造字。
中间一横表稻穗，上下各三点代表稻粒之形（图1）；演变至今，
字形线条结构略有改变：图1→图2、图3。

常用词汇　无米之炊　生米煮成熟饭

hé

禾　禾　standing grain

字义说明　谷类的作物；许慎解释，禾是粮食作物，每年的二月份播种，八月成熟，禾亦保有木之形，顶端像稻穗的形状。与禾有关的字，有秀、秋、秧、种、获（穫）等。

说文解字　"嘉谷也，二月始生，八月而孰，得时之中，故谓之禾；禾，木也，木王而生，金王而死。从木，从 $\mathbb{X}$ 省，$\mathbb{X}$ 象其穗。凡禾之属皆从禾。"

图1　　图2　　图3

字形说明　采直视角度，取稻禾之形造字。
画出稻禾的根部、叶子与稻穗下垂的样子（图1、图2）；演变至今，字形线条结构略有改变：图1、图2→图3。

常用词汇　故宫禾黍

繁体　简体　英文

shǔ

黍　黍　millet/corn

字义说明　黍米；许慎解释，黍是一种有黏性的谷物，可以用来酿酒。与黍有关的字，有黏（nián）、黏（tǎo）等。

说文解字　"禾属而黏者也，以大暑而种故谓之黍。从禾，雨省声。孔子曰：'黍可为酒，禾入水也。'凡黍之属皆从黍。"

图1　　图2　　图3　　图4

字形说明　采直视角度，取整株黍的形象造字。
最初上半部是描绘黍秆与黍叶，下半部画水流经过（图1、图2）；演变至今，字形结构改变：图1、图2、图3→图4，属上下结构。

常用词汇　杀鸡炊黍

汉字画八　谷物之象

繁体　　简体　　英文

lái
來　　来　　to come

字义说明　来去的动作词，古时视为麦类之一；许慎解释，来是周代先人所接受
的瑞麦，一茎两穗，像芒刺之形。与来有关的字，有莱、徕、涞等。

说文解字　"周所受瑞麦来麰 (móu) 也。一来二缝，象芒朿之形。天所来也，
故为行来之来。《诗》曰：'诒 (yí) 我来麰'。凡来之属皆从来。"

𣏾　　来　　來
图1　　图2　　图3

字形说明　采直视角度，取整株来的形象造字。
上半部描绘来的秆与叶子，下半部画来的根部（图1、图2）；演
变至今，字形线条结构改变：图1、图2→图3。

常用词汇　礼尚往来　继往开来　信手拈来

mài

麥　麦　wheat

字义说明　一种谷物；许慎强调，麦是一种带芒刺的谷物，秋种厚埋，属金。与
麦有关的字，有面（麵）、麸（麩，fū）字等。

说文解字　"芒谷，秋穜（tóng）厚薶（mái），故谓之麦。麦，金也。金王而
生，火王而死。从来，有穗者，从夂。凡麦之属皆从麦。"

𣲲　**麦**　**麥**

图1　图2　图3

字形说明　采直视角度，取整株麦的样子造字。

上半部描绘麦秆与叶子，下半部画麦的根部（图1、图2）；演变
至今，字形线条结构略有改变：图1、图2→图3，属上下结构。

常用词汇　不辨菽（shū）麦

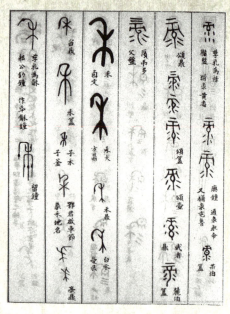

《金文编》中"禾"的各种画法。

《文字蒙求》中来、禾、米的介绍。

文字画九

森林之象

汉字
好好玩

世界各地每当雨季来临，泥石流灾情时有发生，这是由于森林过度开发，水土保持不当所造成的。早期伐木不会破坏生态环境，不是因为当时就有环保观念，而是受到工具的限制。在大型的砍伐工具尚未发明前，开采森林是使用斧头、锯子之类的工具，砍一棵树就要花很久的时间。但有了大型的伐木工具后，可能一个小时就能砍掉许多的树，当砍树的速度过快时，就造成了因开采过度导致的水土保持失衡问题。古代由于森林资源丰富，人们靠身上一把刀就可以在森林中生存，刀的古字 ⼑ 就是画出一把刀子的外形。

汉字被称为"方块字"，作者觉得这个名称颇有意思，让人联想到小时候常玩的积木，利用大大小小不同的积木可以组合出房子、火车、桥等不同的物体，因此，玩积木可以培养孩子的想象力与组合力。而汉字与堆积木有异曲同工之处，一样需要丰富的想象力与组合力。观察古文字，发现古人造的一些基本字形后，再将这些基本字形进行组合，就形成了新的文字。组合的方式又可以分为左右组合、上下组合与内外组合这三大类。

以木、林、森、困这几个字作为组合字说明的范例：木的古字 ⽊ 画出一棵树的样子，有了 ⽊ 这个基本字形后，

几棵树就成为一个林子。

再组合出 。古字 林 是 木 左右并排在一块，属左右组合，表示一片小树林；古字 森 画出三棵树，是在林的基础上，上面再加一个木，属上下组合，表示树木众多，生长茂密，林与森就是左右组合与上下组合的最佳代表。如果把 木 围起来就成了内外组合的文字，困的古字 囷 即是画一棵树四周被围住的样子，回、图、国等也都是这个类型的文字。

茂密的森林，藏有丰富的自然资源。

过度砍伐的森林。

除了上下、左右、内外的组合方式外，还有一个较少出现且容易被忽略的造字方法，被称为"拆解法"。我们若将 木 从中间劈成两半，就出现了古字 爿、片 即爿(pán)与片这两个字，分别代表床与片。学习者若能充分掌握中国文字重组与拆解的特性，就更能领悟到中国文字的奥秘。

汉字画

秋天到了，树叶飘落下来，只剩下光秃秃的树干。眼前是笔直的树木（木、朩），不远处有小树林（林），眺望远方隐约可见一片茂密森（森）林。伐木工用一把刃面锋利的刀（刀）砍向树干，将一棵树从中间劈成两半，一半拿来当床（爿），另一半则削成片（片），准备当柴火使用。

此幅图介绍了木、林、森、刀、床（牀）、片等。

繁体	简体	英文
木	mù 木	tree

字义说明 树木；许慎解释，上半部像草一样，都是从地里冒出头来慢慢生长而成，下半部是树木的根部。与木有关的字，有杏、材、村、板、东（東）、枝、柱、根、桶、桌等。

说文解字 "冒也，冒地而生，东方之行。从中，下象其根。凡木之属皆从木。"

<table>
<tr><td>大</td><td>木</td><td>木</td></tr>
<tr><td>图1</td><td>图2</td><td>图3</td></tr>
</table>

字形说明 采直视角度，取树木之形造字。
上半部为树枝，中间为树干，下半部为树根（图1）；字形线条结构略有改变：图1、图2→图3。

常用词汇 行将就木　枯木逢春　草木皆兵　麻木不仁

繁体	简体	英文

lín

林　　林　woods

字义说明　指一小片范围不大的树林；许慎强调，林由两个木组合而成。与林有关的字，有淋、琳、梵、楚、禁等。

说文解字　"平土有丛木曰林。从二木。凡林之属皆从林。"

图1 　　　图2　　　图3

字形说明　采直视角度，取两棵树之形造字。

画出树干、树根与树枝之形（图1）；字形线条结构略有改变：图1、图2→图3，属左右结构。

常用词汇　酒池肉林　枪林弹雨　林林总总

繁体	简体	英文

sēn

森　　森　forest

字义说明　森林；许慎解释，森表示树木多且密，由木加林组合而成。

说文解字　"木多貌。从林，从木。读若曾参之参。"

图1 　　　图2　　　图3

字形说明　采直视角度，取三棵树之形造字。

画出树干、树根与树枝之形（图1），用三棵树代表许多的树。字形线条结构略有改变：图1、图2→图3，属上下结构。

常用词汇　森罗万象　门禁森严

繁体　简体　英文

片　片　slice/piece

piàn

字义说明　扁平状；许慎解释，片是将 **米** 从中劈成两半，取右边之形，用以表示平面薄片状。与片有关的字，有牌、牒、牖、版等。

说文解字　"判木也，从半木。凡片之属皆从片。"

图1　图2　图3

字形说明　采直视角度，木劈成两半，取右半部之形。
保留半侧树干、树根、树枝之形（图1）；字形线条未改变：图1、图2→图3。

常用词汇　片面之词　片甲不留　打成一片

刀　刀　knife
dāo

字义说明　用以切割物体之器具；许慎解释，古时刀属于兵器的一种，刀属象形文字。作部首时多以"刂"表示，与刀有关的字，有剪、劈、刃、刮、刲、列、创、削等。

说文解字　"兵也，象形。凡刀之属皆从刀。"

ʃ　　ʃ　　ʃ　　刀
图1　　图2　　图3　　图4

字形说明　采直视角度，取刀侧面之形。
画出刀把、刀面之形（图2）；字形线条结构略有改变，演变至今，仅保留刀面之形：图1、图2、图3→图4。

常用词汇　刀光剑影　单刀直入　借刀杀人

牀　床　bed
chuáng

字义说明　指木床之形；床的繁体字牀，在爿的右边加木，强调木头制成。

说文解字　"安身之坐者。从木，爿声。"

爿　　爿　　牀
图1　　图2　　图3

字形说明　采直视角度，取木劈成两半，取左半部之形。
右侧直线表床面，左侧两横表床架（图1）；字形线条结构改变：图1、图2→图3。

常用词汇　叠床架屋　同床异梦

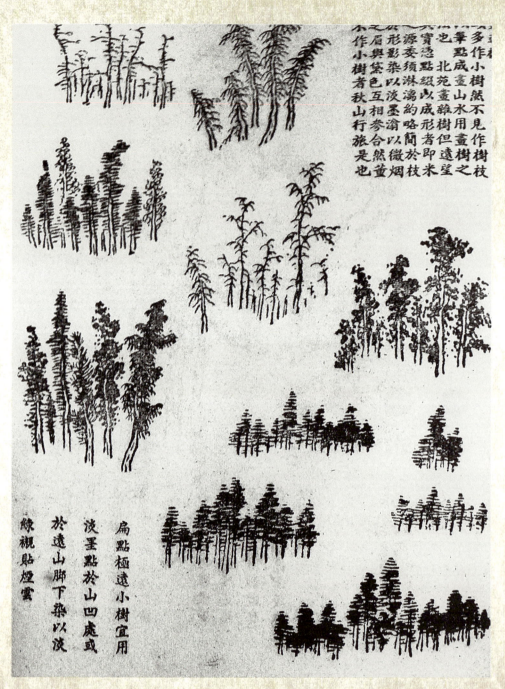

《芥子园画谱》各种树木的画法。

鸟类之象

汉字
好好玩

早在人类出现之前，地球上就已经有了鸟类。考古发现，许多原始部落居住的洞穴壁面上刻画着大量的鸟图腾，这些鸟的图腾不是随意涂鸦，而是有意义的图画。殷商时期人们将鸟视为一种吉祥的图腾，《诗经》中记述"天命玄鸟，降而生商"，玄鸟指的是燕子之类的鸟，也有学者认为是凤凰。殷商时期的人视玄鸟为自己的祖先，而考古发现殷商时期的文物大多以鸟作为主题，可见，在华夏文明之初人们就已经对鸟产生了特殊的情感。

短尾鸟，麻雀是这类鸟儿的最佳代表。

长尾鸟，黑色的头，鲜红色的身躯与长尾。

鹅、鸭在古代被视为大型的鸟类。

鸟由原本的图腾渐渐演变成为象形文字。古人最初画的是各种鸟的外形，慢慢地简化后只保留可以辨识的形状。以古字 𣇃 与 𣇃 的字形为例，乍一看，𣇃 与 𣇃 很像，不过，古字 𣇃（隹）泛指体形较小鸟尾较短的鸟类；而古字 𣇃（鸟）画出一只鸟侧身的样子，是指体形较大且鸟尾也较长的鸟，如鹏、凤、鹅、鸭等就归为这一类鸟。由于古人是依照鸟的形体大小来造字，若是想要描述形体比  更小的鸟儿，在隹（zhuī）上头加个"小"字就成了雀这个字，古字 雀 即是指麻雀这类的小鸟。

此外，古人也观察到鸟类的习性，将鸟区分为懂得反哺的鸟与不懂反哺的鸟。不懂反哺的鸟，以枭为代表；长大后懂得反哺母鸟的归类为孝鸟，以乌为代表，乌的古字 画一只乌嘴巴朝上像是在鸣叫的样子。鸟与乌这两字的差别，其实就在于眼睛的部分，乌全身的羽毛是黑的，眼睛也是黑的，看不到眼珠子，所以造字时就没画上眼睛；另外，因乌全身是黑色的羽毛，所以乌又有黑的意思，其后延伸出"乌黑"这个词。

乌鸦黑色的眼睛与羽毛。

乌鸦对空鸣叫。

群鸟飞翔。

汉字画

　　树干上停满了各种各样的鸟，有长尾的鸟（🐦），有短尾的鸟——隹（隹），乌（乌）鸦正抬着头朝天空鸣叫，有两只蓝色的鸟展开羽（羽）翼准备振翅高飞，天空中可见一列飞（飞）鸟正在天际翱翔。

　　借由这幅图可以介绍鸟（鳥）、隹、乌（烏）、羽、飞（飛）等字。

繁体	简体	英文
乌	乌 wū	crow

字义说明 乌鸦；许慎解释，乌鸦是一种懂得反哺母鸟的鸟类，属象形文字，孔子曾说过，乌是一种善于鸣叫的鸟，当人说话时出现类似的语气或口气，称为乌呼。与乌有关的字，有鸣、坞等。

说文解字 "孝鸟也，象形，孔子曰：'乌，盱（xū）呼也。'取其助气，故以为乌呼。凡乌之属皆从乌。"

鸟   鸟   乌

图1   图2   图3

字形说明 采直视角度，取乌鸦对空鸣叫的侧身之形造字。
画鸟的侧面身形，强调鸟嘴对天空鸣叫的样子（图1）；演变至今，字形线条结构略有改变：图1、图2→图3。

常用词汇 乌烟瘴气 乌合之众 子虚乌有

繁体　　简体　　英文

niǎo

鳥　　鸟　　bird

字义说明　有翅膀会飞的动物；许慎解释，鸟是长尾巴鸟类的总称，属象形文字，鸟爪就像匕的形状。与鸟有关的字，有鸣、鸿、鸽、凤（鳳）、鹰、鹏、雕（鵰）等。

说文解字　"长尾禽总名也，象形。鸟之足似匕。凡鸟之属皆从鸟。"

图1 　　　图2 　　　图3

字形说明　采直视角度，取鸟的侧身之形造字。

最初画出鸟头与鸟眼，中间为鸟的身体与羽毛，下半部是鸟的爪子（图1）；演变至今，字形线条结构略有改变，鸟爪由匕变成四个点：图1、图2→图3。

常用词汇　鸟语花香　惊弓之鸟　小鸟依人

繁体　　简体　　英文

zhuī

隹　　隹　　short-tailed bird

字义说明　短尾鸟；许慎解释，隹是短尾巴鸟类的总称，属象形文字。与隹有关的字，有隻、雀、雉、雏、离（離）等。

说文解字　"鸟之短尾总名也，象形。凡隹之属皆从隹。"

图1 　　　图2 　　　图3

字形说明　采直视角度，取短尾鸟侧身之形造字。

最初画出鸟头，中间为鸟的身体与羽毛，下半部为鸟的爪子（图1）；演变至今，字形结构改变：图1、图2→图3。

yǔ

羽　　羽　　feather

字义说明 羽毛、翅膀；许慎解释，羽是指鸟的长毛，属象形文字。与羽有关的字，有翅、翔、翼等。

说文解字 "鸟长毛也，象形。凡羽之属皆从羽。"

羽　　羽　　羽

图1　　图2　　图3

字形说明 采直视角度，取羽毛之形造字。

画鸟羽的形状（图1）；字形线条结构略有改变，"彡"变为"ソ"：图1、图2→图3，属左右结构。

常用词汇 铩羽而归　爱惜羽毛　羽化登仙

繁体 简体 英文

fēi

飛 飞 to fly

字义说明 飞翔；许慎解释，飛像鸟飞翔的样子，属象形文字。

说文解字 “鸟翥（zhù）也，象形。凡飞之属皆从飞。”

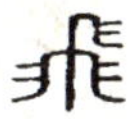

图1

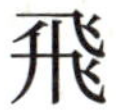

图2

字形说明 采直视角度，取鸟飞行之姿造字。

中间为鸟身，两侧为鸟张开翅膀的样子（图 1）；字形线条结构改变：图 1→图 2。

常用词汇 不翼而飞　龙飞凤舞　劳燕分飞

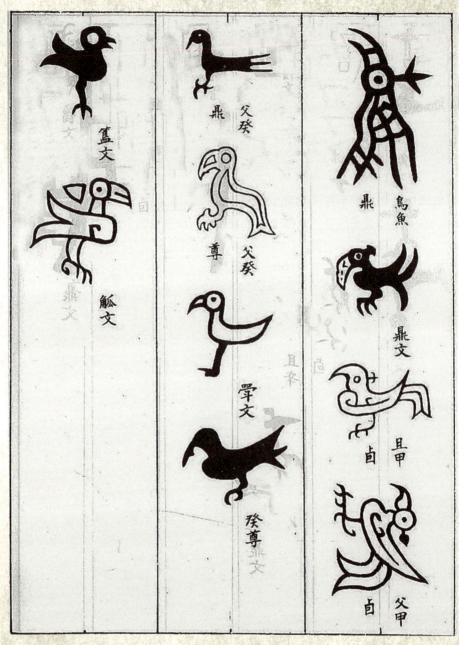

簋文

觚文

鼎　父癸

尊　父癸

罸文

癸尊

鼎　鳥魚

鼎文

自　且甲

自　父甲

《金文编》中鸟的各种画法1。

树梢之象

汉字

好好玩

中国有句谚语，"一鸟在手，胜过众鸟在林"，原意是劝人珍惜当下所拥有的东西，而不是寄希望于无法掌握的事物。从这一句简单的话中即可领略到古人在创造"隻（只）"与"集"这两个字的智慧。因小鸟栖息的位置不同而产生不同的字义。"一鸟在手"，古字  代表手里抓着一只鸟，就是后来的"隻"这个字：上面是小鸟儿（隹），下面是一只手，有擒获、捕捉鸟类的意思，后来演变为单位词。而"众鸟在林"就是 这个古字，是指一群小鸟（隹）聚集栖息在树上的意思，但写三个隹太麻烦了，之后简化成一只隹站在树上，以 替代，即"集"这个字。

另外，若是一只大鸟停在树枝上就是"枭"这个字，古字 就是画一只鸟停在树枝末端，不过枭这只鸟可不是一只好鸟，而是一只凶恶的鸟；许慎在《说文解字》中提到，枭是一种不懂得反哺的鸟，被视

麻雀站在树枝上。

青铜猫头鹰。猫头鹰与一般的鸟类不同，主要是头部与眼睛比一般的鸟大，所以枭的古字 头部的地方也稍微大了些。

为不孝的鸟，所以后世亦将枭字作负面解释，如枭雄，意即为达目的不择手段的人。

野生的果树，树上结满了果实。

古人还造了许多与木有关的字，有古字 末 画出一棵树，在树梢多画一横，表示刚发的树芽或小树枝，用来强调树的末端；古字 果 画出一棵树，树上画一个 田，用来代表果实的意思；古字 巢 画一棵树木，树上画一个 ∈∋ 代表鸟窝，鸟窝里有三条短线 ⟨⟨⟨ 代表三只小鸟，将 ∈∋、⟨⟨⟨ 组合起来代表鸟巢的意思。古字 末、果、巢 分别代表末、果、巢等。

汉字画

　　树枝末（末）端，站着一只枭（梟），有一群麻雀集（雧）
结站在树上，想吃树上的果（果）实，鸟巢（巢）里有三只小鸟正
嗷嗷待哺。

　　这幅图介绍出末、枭（梟）、集、果、巢等。

繁体	简体	英文
巢	cháo 巢	nest

字义说明 鸟窝；许慎解释，鸟在树木上做的窝称为巢，在洞穴里做的窝则称
为窠，巢字与木有关，属象形文字。

说文解字 "鸟在木上曰巢，在穴曰窠，从木，象形。凡巢之属皆从巢。"

巢　　巢　　巢

图1　　图2　　图3

字形说明 采直视角度，取树木、鸟窝、鸟儿之形造字。

一棵树上，有一个鸟窝，鸟窝里有三只小鸟，"巛"像小鸟之身形，
表示鸟筑巢在树上的样子（图1）；字形结构略有改变：图1、图
2→图3，属上下结构。

常用词汇 鸠占鹊巢　倾巢而出

xiǎo

梟　枭　owl

字义说明　外形习性与猫头鹰相似的鸟；许慎解释，枭是一种不懂反哺的鸟类，属猫头鹰类型的鸟，强调鸟站立在树梢上。

说文解字　"不孝鸟也，日至，捕枭磔（zhé）之，从鸟头在木上。"

　　图1　　　图2

字形说明　采直视角度，取一只大鸟站在树梢之形。

下半部是树木，上半部是大鸟，省略鸟爪的部分（图1）；字形线条结构略有改变：图1→图2，属上下结构。

常用词汇　一代枭雄

繁体　简体　英文

mò

末　末　treetop/end

字义说明　树梢，树干的末端；许慎强调，末是指树木末梢的位置。与末有关的字，有沫、抹、茉等。

说文解字　"木上曰末，从木，一在其上。"

　　图1　　　图2　　　图3

字形说明　采直视角度，取树木之形。

画出一棵树，树端用一横强调树梢（图1）；字形结构略有改变：图1、图2→图3。

常用词汇　穷途末路　本末倒置　舍本逐末

guǒ
果　果　fruit

字义说明　果实；许慎解释，树上所结的果实。与果有关的字，有棵、课、颗等。

（说文解字）　"木实也，从木，象果形在木之上。"

果　果　果
图1　图2　图3

字形说明　采直视角度，取树与果实之形造字。
上半部为果实，下半部为树木（图1）；字形结构略有改变：图1、图2→图3，属上下结构。

常用词汇　修成正果　自食其果　前因后果　开花结果

jí

集　集　to gather

字义说明　集合、聚集；许慎提到，古字雥（jí）是画了三只小鸟在树枝上。现今则以一只小鸟来代表。

说文解字　" '雥'，群鸟在木上也。从雥，从木。集，雥或省。"

雥　枀　集

图1　　图2　　图3

字形说明　采直视角度，取一只小鸟站在树梢之形。下半部是树木，上半部是三只小鸟（图1）；字形结构略有改变：图1、图2→图3，属上下结构。

常用词汇　集思广益　百感交集　冠盖云集

陶器上有各种鸟形。

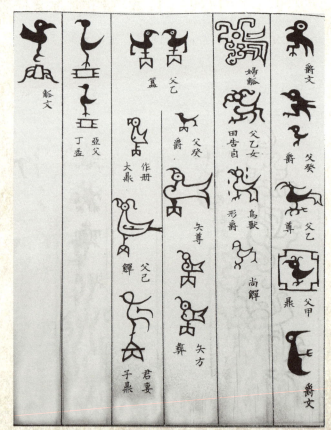

《金文编》中鸟的各种画法2。

花虫之象

汉字
好好玩

中国文人雅士作画，除了画山画水之外，也常以花卉作为主要题材，尤以梅、兰、竹、菊四类花卉最为常见，这四类花又被称为"花中四君子"，用以象征君子必备的人格特质。梅花在寒风中表现出坚贞刚洁的样子，象征君子的坚忍不拔；兰花花香幽远，不骄不媚，气质超凡脱俗，象征君子的真诚与脱俗；文人雅士也喜欢赏竹、咏竹、写竹，竹子生命力顽强，不避贫壤，顶天立地，象征君子的气节与虚心。苏东坡曾说过："宁可食无肉，不可居无竹。无肉令人瘦，无竹令人俗。

梅兰竹菊称为花中四君子，常是画家主要的画作题材。

人瘦尚可肥，士俗不可医。"菊花的生命力强，不畏风霜的侵袭，故有诗句"素心常耐冷，晚节本无瑕"，以菊花自喻，立志追求德行的圆满。

所谓"一花一世界"，文人雅士不仅从花卉中体悟人生，更可窥见大自然的生命力。许多动物（特别是昆虫）

蜜蜂正忙着在花蕊处采花粉。

靠花卉维生，花在造字初期以华字来表示，华的古字  就像是花瓣展开的样子；花丛间可以见到蜜蜂、虫蝇穿梭其中，蜂的古字 画出蜜蜂的头、身体和蜂脚的样子；黾的古字 最初是画一只青

画家在竹筒外侧画上花朵。

蛙匍匐的样子，然而演变至今， 已变成用来形容苍蝇类的小虫子；说到虫子，虫的古字 画三条虫的形状，由于线条弯弯曲曲，看起来像虫子正在蠕动的样子，现今只要与虫有关的字，都会加上虫这个字作为部首。蝎子是许多虫子的克星，蝎子在古代称为萬，古字 就画出一只蝎子，蝎头上有两只大夹子，尾巴是只毒钩，利用夹子猎物，再用毒钩将猎物迷昏。此外，蝎子多足，演变之后，萬（万）就成了量多的代表，更成了数字的单位之一。

汉字画

花朵繁华（華）盛开时，蜜蜂（蜂）正在花蕊（蕊）中间采蜜，小青蛙（黾）与蜗（蝸）牛正在叶子上休息，花茎上有一只蝎（蠆）子正伺机掠食小虫（蟲）。

此幅图介绍华（華）、蜂、蕊、黾（黽）、蜗（蝸）、万（萬）、虫（蟲）等。

繁体	简体	英文
	fēng	
蜂	蜂	bee

字义说明 蜜蜂；许慎解释，会飞并会蜇人的昆虫。与夆（fēng）有关的字，有峰、烽、锋、逢等。

说文解字 "䗬，飞虫蜇人者，从蚰（注：kūn，同昆），逢声。"

羍　　蜂

图1　　图2

字形说明 采直视角度，取蜜蜂之形。

画出蜂身、蜂尾与蜂足（图1）；在夆的左边加个虫，强调为虫类之一（图2）；字形线条结构改变：图1→图2，属左右结构。

常用词汇 蜂拥而上　捅马蜂窝

華　华　huá　flourish

字义说明　繁华、繁盛；许慎强调，华是表示花草繁盛之象。华为花字的前身。与华有关的字，有桦、晔、骅等。

说文解字　"荣也，从艸从乎（huā）。凡华之属皆从华。"

图1　　　图2　　　图3

字形说明　采直视角度，取花草向上生长之姿。
上半部为草叶，下半部为花瓣展开的样子（图1）；演变至今，字形线条结构改变：图1、图2→图3，属上下结构。

常用词汇　华而不实　雍容华贵　风华绝代

萬　万　wàn　ten thousand

字义说明　数字的单位；许慎强调，萬是一种有多只脚的虫子，属蝎子种类。

说文解字　"虫也，从厹（qiú），象形。"

图1　　　图2　　　图3　　　图4

字形说明　采直视角度，取蝎子之形。
上半部画蝎头与蝎夹，下半部为蝎身与蝎足（图2）；原本两只大蝎夹改成 艹（图4）；字形线条结构改变：图1、图2、图3→图4；属上下结构。

常用词汇　万无一失　万寿无疆　千头万绪

繁体　　简体　　英文

měng / mǐn

黽　　黾　　toad

字义说明　青蛙种类之一；许慎解释，黽的头部与三角蛇的蛇头相似，属于象
形文字。与黽有关的字，有绳、蝇等。

说文解字　"黿（wō），黽也，从它，象形，黽头与它头同。"

　　　图1　　　图2　　　图3

字形说明　采直视角度，取青蛙匍匐之形。

　　画青蛙的头、身体、腿与尾巴（图2）；在黽左边加个虫字，其
后演变为苍蝇的意思；演变至今，字形线条结构改变：图1、图
2→图3。

常用词汇　蝇头小利　无头苍蝇

chóng

蟲　　虫　　insect

字义说明　昆虫；许慎解释，虫是一种名为"蝮（fù）"的毒蛇，头部特别大。
与虫有关的字，有蜂、蝎、蝶、蛙、蚌等。又有另一解释，没有脚的
称为"豸（zhì）"，如蚯蚓这类；有脚的称为"蟲"，与蟲有关的字，
有蛊（蠱）等。

说文解字　"虫，一名蝮，博三寸，首大如擘指，象其卧形，物之微细或行或毛或
羸（luǒ）或介或鳞，以虫为象。凡虫之属皆从虫。蟲，有足谓之蟲，
无足谓之豸，从三虫。凡蟲之属皆从蟲。"

𠃉　　𧑓　　蟲

图1　　　图2　　　图3

字形说明　采直视角度，取一条蛇之形。
最初画出蛇身长且弯曲（图1）；其后画成三条蛇的样子（图2）；
字形线条结构改变：图1、图2→图3，属上下结构。

常用词汇　雕虫小技　百毒之虫

ruǐ

蕊　　蕊　　pistil

字义说明　花蕊，花苞。

说文解字　无。

蕊

图1

字形说明　采直视角度，取花蕊之形。
画出蕊的样子（图1），属上下结构。

常用词汇　浮花浪蕊

汉字画十二　花虫之象　　**115**

繁体　简体　英文

wo

蜗　　蜗　　snail

字义说明　蜗牛；许慎强调，蜗牛是指一种有硬壳，壳上有旋纹，像螺一样的昆虫，由虫与呙（guō）组合而成。

说文解字　"蜗，蠃也，从虫，呙声。"

图1　　　图2

字形说明　采直视角度，取蜗牛之形造字。

左边像是蜗牛的身体，右边像是蜗牛的壳（图1）；演变至今，字形线条结构改变：图1→图2，属左右结构。

常用词汇　无壳蜗牛　蜗步难移

湖边之象

汉字
好好玩

猜一猜以下这些古文各是描绘哪些动物呢?

其实这一堆看起来像动物画的文字,就是十二生肖鼠、牛、虎、兔、龙、蛇、马、羊、猴、鸡、狗(犬)和猪(豕)的古文字形。从这十二种动物的形象可以看出古人造字时所展现的绘画能力,每个古文字都尽可能完整描绘出动物独特的形象,有些画其正面之形,有些画其侧面之形,有些取其头部之形,有些取其全身之形(包括头、身体、肢体与尾巴)。例如,蛇字古字 就像蛇头、蛇身与蛇尾,造型虽然简单却容易辨认。

动物字形的研究是件有趣的事情,作者归纳上述动物古文字形,发现只要是体形较大的动物,大部分都画出全身侧面形象,且多以两足代替四

有些地区的大象是供人乘坐与驮运货物的。

仔细看,狗的尾巴上扬,古字犬( )也特别强调尾巴上扬。

足,如虎( )、马( )、犬( )、豕( )、鹿( )、象( )等。另外,有些动物身形之间也有相似之处,我们进一步比较古字 、 、 (即象、豕、犬),发现这三种动物身形的画法雷同,都画出类似方形的身体、两足与尾巴;若再深入观察,更可发现 (象)与 (豕)两者身形一样,但头部线条不同,古字 强调象的长鼻子与耳朵,豕的古字 则没有特别强调,所以象这

个字的下半部就是豕的形象；接着我们再比较 （豕）与 （犬），若以现在的字形是看不出来两者有何关系，但这两种动物在文字形成之初相似度却达百分之九十以上，若不仔细观察很难发觉到底是画豕还是犬，两者差异就在于尾巴，古字 （犬）的尾巴往上翘，而 （豕）的尾巴则向下垂，这与我们对猪和狗的形象认知颇为契合。有了上述经验，我们就很容易观察古字 与 （兔与象）之间不同之处，象原本就强调长鼻大耳，而兔子也强调长耳，既然两者头部一样，那就只能靠身形来区别，象画出四肢，而兔以蹲踞的形象 来表示。

以动物为主体的象形文字中，线条最简洁有力的当属牛与羊这两个字，古字 与 （牛与羊）仅用三条线条就画出牛头与羊头，若不仔细观察很容易搞混。古字牛、羊两字的差异其实在于牛角与羊角的角度不同，牛角向上仰，羊角则是向下弯，利用最少的线条传达丰富形象的中国文字，牛与羊这两个字可以说最具代表性。除了牛与羊仅画出牛头与羊头外，其他十种动物也都可以从古文字形中看出各自的形象特征。

门板上雕刻着不同的动物，白羊的羊角向下弯，而牛的牛角往上仰。

马奔跑时，马鬃飞扬。

兔子蹲踞之姿。

汉字画

　　许多动物聚集湖边，清澈的湖水倒映出动物们的身影，象（象）、鹿（鹿）、兔（兔）、马（马）、牛（牛）、羊（羊）正在湖边喝水。

　　此幅图画介绍象、鹿、兔、马（馬）、牛、羊等。

繁体	简体	英文

鹿   **鹿**   deer

lù

字义说明   动物名，鹿科动物的总称；许慎解释，鹿是一种野兽，头上有角，四只脚，而鹿脚的画法与鸟足相似，像匕的形状。与鹿有关的字，有麒、麋、麗、尘（塵）、麟。

说文解字   "兽也，象头角四足之形，鸟鹿足相似从匕。凡鹿之属皆从鹿。"

$$\text{图1} \quad \text{图2} \quad \text{图3} \quad \text{图4} \quad \text{图5} \quad \text{图6}$$

图1　　图2　　图3　　图4　　图5　　图6

字形说明   采直视角度，取鹿角至鹿蹄全身侧面之形造字。

最初画出鹿的头部与眼睛，并强调枝状的鹿角，鹿颈细长，鹿蹄像鸟足的画法（图1）；演变至今，字形结构改变：图1、图2、图3、图4、图5→图6，属上下结构。

常用词汇   逐鹿中原　鹿死谁手　指鹿为马

繁体　简体　英文

tù

兔　兔　rabbit

字义说明　动物名；通称兔子；许慎解释，野兽种类之一，像一只蹲坐着的动物。与兔有关的字，有冤、逸等。

说文解字　"兽名，象踞，后其尾形，兔头与㲋头同。凡兔之属皆从兔。"

图1　　　图2　　　图3

字形说明　采直视角度，取兔子蹲踞之形造字。

最初画出头部并且强调耳朵的部分，下半身则强调肢体与尾巴（图1）；演变至今，字形线条结构改变：图1、图2→图3。

常用词汇　兔死狗烹　守株待兔　狡兔三窟

繁体　简体　英文

xiàng

象　象　elephant

字义说明　大象，一种哺乳动物；许慎解释，象是一种长鼻长牙的哺乳动物。与象有关的字，有像、橡等。

说文解字　"长鼻牙，南越大兽，三年一乳，象耳、牙、四足之形。凡象之属皆从象。"

图1　　　图2　　　图3　　　图4

字形说明　采直视角度，取大象全身侧面之形造字。

最初画出象的长鼻、长牙、四条腿的样子（图1）；演变至今，字形线条结构改变：图1、图2、图3→图4。

常用词汇　万象更新　包罗万象　盲人摸象

 繁体　 简体　英文

馬　　mǎ
　　马　　horse

字义说明　动物名，家畜的一种；许慎解释，像一匹身、足、尾、鬃俱全的侧
　　　　　面马形。与马有关的字，有吗、码、玛、蚂、骂等。

说文解字　"怒也，武也，象马头、髦尾、四足之形。凡马之属皆从马。"

　图1　　　图2　　　图3　　　图4

字形说明　采直视角度，取马匹侧面之形造字。

　　　　　画出马头、马身、马鬃与马腿（图1）；演变至今，字形线条结构
　　　　　改变：图1、图2、图3→图4。

常用词汇　悬崖勒马　马革裹尸　兵强马壮

繁体　简体　英文

yáng

羊　羊　sheep/goat

字义说明 动物名；许慎解释，𦍌代表羊的头角与足尾之形，属象形文字。与羊有关的字，有咩、佯、祥、氧、翔、羌、羔、美等。

说文解字 "祥也，从𦍌，象头、角、足、尾之形。孔子曰：'牛羊之字，以形举也。'凡羊之属皆从羊。"

图1　　图2　　图3　　图4

字形说明 采直视角度，取羊头、羊角之象造字。
画出羊头与羊角，羊角往下弯（图1）；字形线条结构改变：图1、图2、图3→图4。

常用词汇 亡羊补牢　羊肠小径　羊入虎口

繁体　简体　英文

niú

牛　牛　ox/cow

字义说明 动物名；许慎解释，牛是体形硕大的牲畜，属象形文字。与牛有关的字，有件、哞、牟、牧、牢等。

说文解字 "大牲也，牛件也，件事理也，象角头三、封尾之形。凡牛之属皆从牛。"

图1　　图2　　图3

字形说明 采直视角度，取牛头、牛角之形造字。
画出牛头与牛角，牛角往上翘（图1）；演变至今，字形线条结构改变：图1、图2→图3。

常用词汇 牛刀小试　九牛一毛　汗牛充栋

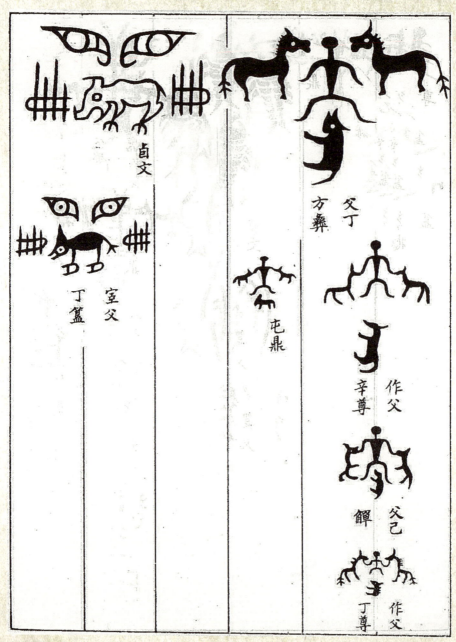

《金文编》中人与动物的画法。

白文

室父

丁簋

方彝

父丁

屯鼎

作父

辛尊

父己

觯

作父

丁尊

汉字画十四

洞穴之象

汉字
好好玩

目前全球总人口突破七十亿大关，国与国，人与人之间的土地争夺不断上演。然而在远古时期，野兽数量多于人，人与兽有时敌对，有时共生。人兽敌对时，人就和野兽抢夺食物与洞穴，有洞穴栖身才能遮风避雨；人兽共生时，人与兽就和平地生活在同一个洞穴里头。原始人类所居住的洞穴，最初是利用天然的山洞作为屏障。不过，考古发现，在石器时代，中国黄河流域的穴居民族已懂得自筑穴居，他们掌

山崖边常有一些洞穴。

握开穴技术，开启了穴居文化；他们以火驱走其他野兽动物，并且懂得营火取暖与烧烤食物，生活形态非常简单。

穴的古字 ⌂ 画出洞口的形状，洞穴中最常见到老鼠，古字 🐀 画出一只老鼠张大嘴巴露出尖牙，四只脚蜷缩在胸前，还有一条长尾巴的样子；许慎特别提到，当先民对各种动物还未认识之前，就是以鼠这个字代表住在洞穴里的动物。

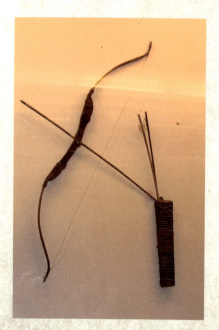

弓与箭。

虽然人和野兽常处于敌对状态，狗却是人类最好的伙伴，狗与人类关系之密切是其他动物难以相比的，据说，狗是人类最早驯化的动物之一。狗的嗅觉很敏锐，常常可以帮助猎人捕获猎物，当猎人发现猎物时，立刻取出弓箭瞄准猎物，狗就随侍主人身边，等待指令。古字 犬 就像是画出一条狗后肢坐地、前肢蹲立的样子。弓箭是个常用词，不过弓和箭是指两个部分，弓的古字 弓 是画出弓与弦，而现在的"弓"字则是保留弓的身躯。古代造弓是按照人的挽力

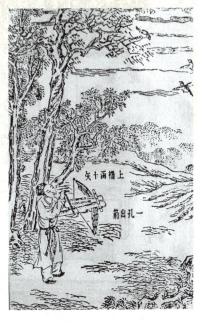

古人上箭拉弓。

来分轻重，挽力可以分为上等、中等与下等，上等挽力能挽一百二十斤，若是超过一百二十斤则称为虎力，中等挽力可以挽九十斤，下等挽力就只能挽六十斤。而箭在古代称为矢，古字 矢 即画出矢的样子。早期的矢通常是由竹或木制成，南方的浙江和广东南部有天然的刚竹，适合做箭杆；北方不产竹，所以箭杆则以蒲柳木或桦木制成。

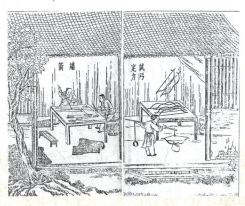

《天工开物》中介绍弓的制造方法。

汉字画

猎人命令两条犬（）守候在洞穴（內）外，大老鼠（鼠）龇牙咧嘴地叫着，小老鼠立刻窜（竄）入穴内，猎人举起手里的弓（弓），弓上架着矢（矢），正瞄准猎物。

此图介绍犬、穴、鼠、窜（竄）、弓、矢等。

繁体	简体	英文
鼠	shǔ 鼠	mouse

字义说明　老鼠；许慎解释，老鼠是生活在洞穴里的一种动物，也曾作为穴居
兽的统称，属象形文字。与鼠有关的字，有窜（竄）等。

说文解字　"穴虫之总名也，象形。凡鼠之属皆从鼠。"

鼠　　鼠　　鼠
图1　　　图2　　　图3

字形说明　采直视角度，取老鼠将四肢蜷缩胸前之象造字。
上面是老鼠的头部，下面是老鼠的身体与四肢（图1）；字形线条
结构略有改变：图1、图2→图3，属上下结构。

常用词汇　抱头鼠窜　胆小如鼠　过街老鼠

繁体 简体 英文

xué

穴　穴　cave

字义说明　洞；许慎强调，土石之屋，远古的人住在半地下式的土屋，穴由宀
与八组合而成。与穴有关的字，有空、窝、突、穷、窥等。

说文解字　"土室也，从宀八声。凡穴之属皆从穴。"

图1　　图2　　图3

字形说明　采直视角度，取洞口之形造字。
画出洞穴外的形状，两侧是石壁，内侧是土石块（图1）；字形结
构略有改变：图1、图2→图3，属上下结构。

常用词汇　空穴来风　龙潭虎穴

繁体 简体 英文

cuàn

窜　窜　to run about

字义说明　流窜；许慎强调，老鼠在穴中到处跑。

说文解字　"坠也，从鼠在穴中。"

图1　　图2

字形说明　采直视角度，取老鼠在洞穴之形造字。
上边是洞穴，下边一只老鼠（图1）；演变至今，字形线条结构略
有改变：图1→图2，属上下结构。

常用词汇　抱头鼠窜

繁体　简体　英文

gōng

弓　弓　bow

字义说明　射箭的器械；许慎解释，弓是一种可以射向远方的工具，属象形文字。与弓有关的字，有弹、张、弯、弩、弘、弛、强、弧等。

说文解字　"以近穷远，象形，古者挥作弓。周礼六弓：王弓、弧弓以射甲革甚质；夹弓、庾（yǔ）弓以射干侯鸟兽；唐弓、大弓以授学射者。凡弓之属皆从弓。"

图1　　图2　　图3　　图4　　图5

字形说明　采直视角度，取弓之形造字。
　　　　　　画出一把弓箭的弓身与弦（图1）；演变至今，字形结构改变：图1、图2→图3、图4、图5。

常用词汇　左右开弓　鸟尽弓藏　杯弓蛇影

繁体	简体	英文
犬	quǎn 犬	dog

字义说明 狗；许慎强调，犬是象形文字，画出狗尾上翘，孔子亦曾提到，犬字就是画狗的形状。作部首时多以"犭"表示，与犬有关的字，有伏、吠、汰、狼、狩、猎等。

说文解字 "狗之有县蹏（tí）者也，象形。孔子曰：'视犬之字，如画狗也。'凡犬之属皆从犬。"

图1　　　图2　　　图3　　　图4

字形说明 采直视角度，取狗从头至脚全身之形造字。
最初画出狗头、狗身、狗腿、狗尾巴（图1），强调尾巴往上翘；演变至今，字形线条结构改变：图1、图2、图3→图4。

常用词汇 犬马之劳　鸡犬不宁　鸡犬升天

繁体	简体	英文
矢	shǐ 矢	arrow

字义说明 箭；许慎解释，弓弩用的箭，属象形文字。与矢有关的字，有知、疾、欵（kuǎn）、疑等。

说文解字 "弓弩矢也，从入，象镝（dí）栝（guā）羽之形，古者夷牟（móu）初作矢。凡矢之属皆从矢。"

字形说明 采直视角度造字，取箭之形。
画出箭头，下面是箭尾羽毛的部分（图1）；演变至今，字形线条结构改变：图1、图2、图3→图4。

常用词汇 无的放矢　众矢之的　矢口否认

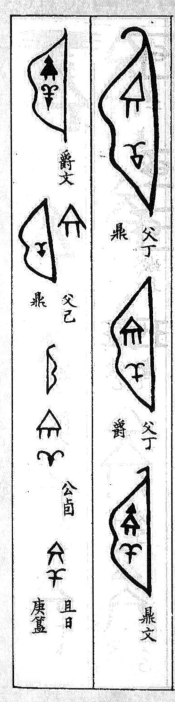

《金文编》中弓的画法。

汉字画十五

数字之象

汉字
好好玩

许多文字学家或历史研究人员多认为古代是用结绳来协助记录事情，但对于结绳是否与文字有关仍无定论。相关文献指出，在远古时期，人类就会使用不同的方法来记录信息。例如，用捡来的小石头、树枝、树叶做汇录；或刻画在石壁与树干上做记号；更有考古人员发现一座专门放置绳的屋室，在这间屋内有大大小小不同的绳子，有专家就认为这是一间专门放置记录的绳子的屋室，所以古代有"事大大结其绳，事小小结其绳"。对古人而言，不同的结绳长度，不同的结绳样式，甚至是绳子粗细都可以是一个记录，通过结绳就可以唤起不同的记忆。不过，作者认为

用结绳来记事。

在理解这句话时后头可加上一句话，"不同事结不同的绳"，如此更能说明结绳记事或记录的重要意义。

中国的数字表现不同于阿拉伯数字，或许有人会好

用绳子结成的网子。

奇中国数字是如何产生的，这个答案也许可以从古人的结绳形状中找到答案。我们现代人对绳子的依赖程度远不如古人，古人日常生活都与绳子息息相关，打猎需要绳子，捆绑柴火需要绳子，捆绑东西、捆绑战俘、搭建房子样样都需要用到绳子。或许有人认为在绳子上打个结并不是件困难的事，的确，随便打个结不是什么难事，但要打出不同的绳结又要兼具美观，那就不是件容易的事了。看看传统技艺——中国结，一条绳子不但可以打出各式各样的绳结，而且还兼具艺术与美感；只不过现代人

中国结。

布袋绳子。

早已习惯塑胶与金属制品，生活中很少需要用到绳子，所以用绳子打结做记录，对现代人而言已经很难想象了。

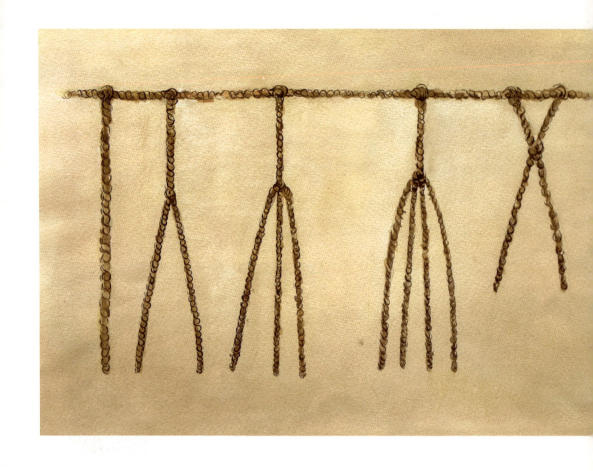

汉字画

古人用绳子来记录数量，在一条绳上共结了十种绳结的形状，分别代表
一、二、三、四、五、六、七、八、九、十等十个数字。

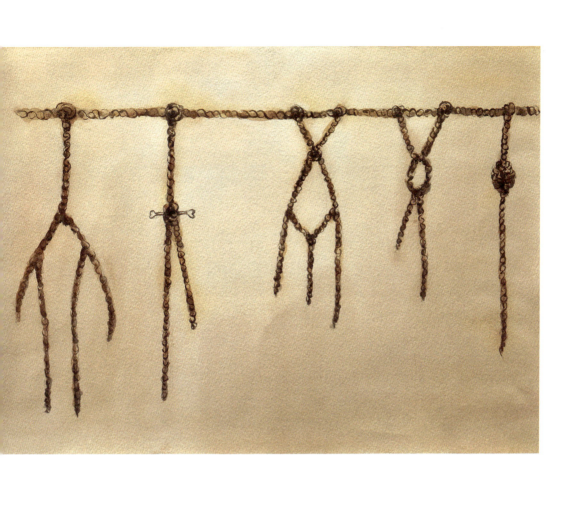

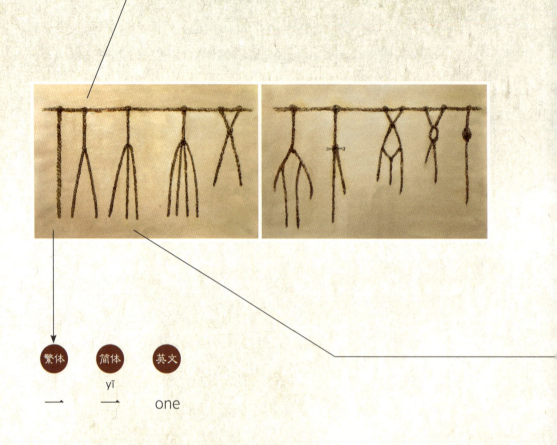

繁体　　简体　　英文

yī

一　　一　　one

字义说明　数字一；许慎解释，道是从一开始，由一再分化出天与地，然后慢慢形成万物。与一有关的字，有二、三、百等。

说文解字　"惟初太始，道立于一，造分天地，化成万物。凡一之属皆从一。"

一　　一

图1　　图2

字形说明　采直视角度，取一之形。画一条横线（图1）。

常用词汇　一见钟情　一箭双雕　一石二鸟

èr

二　二　two

字义说明　数字二；许慎解释，一代表天，二就代表地，是个偶数。与二有关的字，有仁、些、竺等。

说文解字　"地之数也，从偶一。凡二之属皆从二。"

二　二

图1 　　图2

字形说明　采直视角度，取二之形。画两条横线（图1）。

常用词汇　独一无二　心无二用　说一不二

繁体　简体　英文

sān

三　三　three

字义说明　数字三；许慎解释，三横分别代表天、地、人。

说文解字　"天地人之道也，从三数。凡三之属皆从三。"

三　三

图1 　　图2

字形说明　采直视角度，取三之形。画三条横线（图1）。

常用词汇　三心二意　三足鼎立　三顾茅庐　接二连三

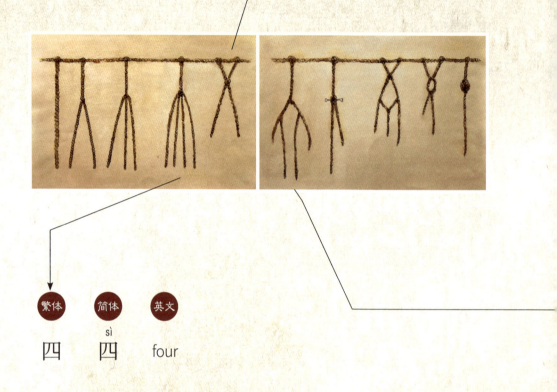

繁体	简体	英文
四	sì 四	four

字义说明 数字四；许慎解释，四是个阴数，口像四方，八像分也。与四有关
的字，有泗、驷、呬等。

说文解字 "阴数也，象四分之形。凡四之属皆从四。"

三　四　四
图1　图2　图3

字形说明 采直视角度，取四之形。
最初画四条横线（图1）；演变至今，字形线条结构改变：图1→
图2、图3。

常用词汇 四面八方　四通八达　四平八稳

五　五　five
　　　wǔ

字义说明　数字五；许慎解释，五像是天地阴阳交会之形。与五有关的字，有
　　　　　　伍、唔、吾等。

说文解字　"行也，从二，阴阳在天地间交午也。凡五之属皆从五。"

图1　　　图2　　　图3　　　图4

字形说明　采直视角度，取五之形。
　　　　　　上下两横线代表天地，中间表阴阳交叉的线（图1）；演变至今，
　　　　　　字形线条结构改变：图1、图2、图3→图4。

常用词汇　五花八门　五福临门　学富五车

六　六　six
　　　liù

字义说明　数字六。许慎解释，六是《周易》常用的数，为阴爻的变数。

说文解字　"易之数，阴变于六，正于八，从入，从八。凡六之属皆从六。"

图1　　　图2　　　图3

字形说明　上面画入，下面画八（图1）；演变至今，字形线条结构改变：
　　　　　　图1、图2→图3。

常用词汇　六亲不认　三姑六婆　六畜兴旺　六六大顺

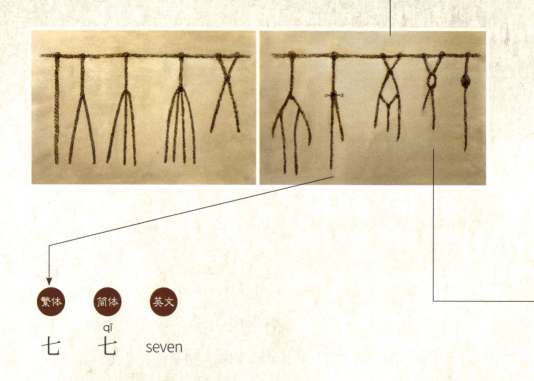

繁体	简体	英文
七	qī 七	seven

字义说明 数字七。与七有关的字，有柒、切等。

说文解字 "阳之正也，从一，微阴从中邪出也。凡七之属皆从七。"

古　　十　　七

图1　　图2　　图3

字形说明 采直视角度，取七之形。

画一横线，一纵线下曲（图1）；演变至今，字形线条结构改变：

图1、图2→图3。

常用词汇 七情六欲　七孔流血　七窍生烟

繁体	简体	英文
八	bā 八	eight

字义说明　数字八；许慎解释，八像把东西分开。与八有关的字，有分、公、扒、趴等。

说文解字　"别也，象分别相背之形。凡八之属皆从八。"

八　ノ(　八
图1 　　图2 　　图3

字形说明　采直视角度，取八之形。

画两条斜线（图1）；字形线条结构未变：图1、图2→图3。

常用词汇　半斤八两　八仙过海　才高八斗　八面玲珑

繁体	简体	英文
九	jiǔ 九	nine

字义说明　数字九。与九有关的字，有仇、犰、旭、鸠等。

说文解字　"阳之变也，象其屈曲究尽之形。凡九之属皆从九。"

己　九　九
图1 　　图2 　　图3

字形说明　采直视角度，取九之形。

最初画动物臀部尾巴的形状（图1）；演变至今，字形线条结构改变：图1、图2→图3。

常用词汇　九死一生　九霄云外　九五之尊

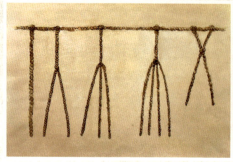 

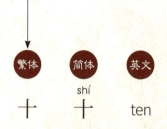

繁体	简体	英文
	shí	
十	十	ten

字义说明　数字十；许慎解释，由一与丨组成。与十有关的字，有千、古、计、什、汁等。

说文解字　"十，数之具也，一为东西，丨为南北，则四方中央备矣。凡十之属皆从十。"

图1　　　图2　　　图3　　　图4

字形说明　采直视角度，取十之形。

　　　　　最初是画出一条绳子中间绳结的形状（图1）；字形线条结构改变：图1→图2、图3、图4。

常用词汇　十面埋伏　十全十美　十恶不赦　十万火急

图书在版编目 (CIP) 数据

汉字好好玩：全 5 册 / 张宏如著 . -- 北京：中国
致公出版社，2018（2020.7 重印）
ISBN 978-7-5145-1236-6

Ⅰ. ①汉… Ⅱ. ①张… Ⅲ. ①汉字 - 儿童读物 Ⅳ.
① H12-49

中国版本图书馆 CIP 数据核字 (2018) 第 060583 号

本书由汉字脸谱文化事业有限公司(🔲)授权独
家出版发行中文简体字版。

汉字好好玩：全 5 册
张宏如　著
───────────────────────────────
责任编辑：何江鸿　周　炜
责任印制：岳　珍
───────────────────────────────
出版发行：中国致公出版社
地　　址：北京市朝阳区八里庄西里 100 号住邦 2000 大厦 1 号楼西区 21 层
邮　　编：100025
电　　话：010-66121708（发行部）　010-82259658（举报电话）
经　　销：全国新华书店
印　　刷：天津联城印刷有限公司
开　　本：720 毫米 ×960 毫米　1/16
印　　张：51.5
字　　数：650 千字
版　　次：2018 年 5 月第 1 版　　2020 年 7 月第 4 次印刷
京权图字：01-2018-2621
───────────────────────────────
定　　价：329.00 元（全 5 册）